周一良全集

8

高等教育出版社·北京

ZHOUYILIANG QUANJI

第四编 自传与杂记

《钻石婚杂忆》

主编 赵和平

『十二五』国家重点图书

图书在版编目（CIP）数据

周一良全集. 第4编，自传与杂记 ：全4册 / 赵和平主编. -- 北京 ：高等教育出版社，2015.12
ISBN 978-7-04-041349-6

Ⅰ. ①周… Ⅱ. ①赵… Ⅲ. ①周一良（1913～2001）–文集 Ⅳ. ①C53

中国版本图书馆CIP数据核字(2015)第052577号

策划编辑 王 丽　　责任编辑 王 丽　　装帧设计 王 雎
责任校对 王 雨　　责任印制 毛斯璐　　封面题字 吴小如

出版发行 高等教育出版社
社　　址 北京市西城区德外大街4号
邮政编码 100120
印　　刷 北京鑫丰华彩印有限公司
开　　本 787 mm×960 mm　1/16
本册印张 14
本册字数 150 千字
购书热线 010-58581118
咨询电话 400-810-0598
网　　址 http://www.hep.edu.cn
http://www.hep.com.cn
网上订购 http://www.hepmall.com.cn
http://www.hepmall.com
http://www.hepmall.cn
版　　次 2015 年12月第 1 版
印　　次 2015 年12月第 1 次印刷
总 定 价 398.00 元

物 料 号 41349-00

《周一良全集》各分册目录

第一编　中国史

第 1 册　魏晋南北朝史论（上）

第 2 册　魏晋南北朝史论（下）

第 3 册　魏晋南北朝史札记

第二编　世界史

第 4 册　日本史与中外文化交流史

第 5 册　【英译】《日本》、【日译】《折焚柴记》

第三编　佛教史与“敦煌学”

第 6 册　佛教史与“敦煌学”

第四编　自传与杂记

第 7 册　《毕竟是书生》《中国文化书院访谈录》《郊叟曝言》

第 8 册　《钻石婚杂忆》

第 9 册　论学杂著与读书题记

第 10 册　书信　色纸

（侯艺兵 摄）

裒集杜甫于谦句今各易首字以为

夙有文章惊海内

太初先生遊去三周年唁词

終留清白在人间

吴小如追挽

父亲周叔弢（摄于 1983 年）

目　　录

西方习俗，结婚10周年称为锡婚纪念，20周年称为磁婚，30周年为珍珠婚，40周年为红宝石婚，50周年称为金婚。60周年，英国称为钻石婚，而美国习俗则须到75周年方称钻石婚。我这里用的钻石婚，是指60周年，因为一甲子对于中国人来说是一个吉祥的日子。朱彭寿（1869—1950）在《安乐康平室随笔》卷六中曾说："夫妇偕老，诗人播为美谈，其有结褵至六十年者，尤为古今所罕见。"他列举了乾嘉年间冯成修、梁同书等人的例子，谓"俱以白首齐眉，重行花烛之礼。家庭盛事，较重宴鹿鸣琼林者，更为难得已"。

我和老伴邓懿1938年结婚，到1998年整60年，恰恰是一甲子，也就是所谓的钻石婚纪念。如果用几句话把我们两人之间几十年来的关系概括一下：我们是1933年春天认识的，从1933到1938年这5年，可以称之为甜甜蜜蜜的恋爱时期；从1938到1948年可算是恩恩爱爱的10年；从1948到1978年，也就是新中国成立后这30年，可以说是风风雨雨、恩恩怨怨的30年。这期间已经不是我们两人之间的关系，而是我们与别人、与整个社会之间的关系，其间酸甜苦辣、喜怒哀乐，以及悲欢离合牵动感情的事情，回忆起来，一一涌上心头，不能自已。从1978到1998年，也就是"文化大革命"之后这20年，勉强可算是平平安安的20年，但绝非毫无喜怒哀乐。这20年，同样有深深的感动人心的大事，我的心情和海内外广大的知识分子一样激动。

这里说的"钻石婚杂忆"是以结婚的每个"十年纪念"为纲，同时追忆这期间的一些事情，因而称之为"杂忆"。这个"杂"字不仅是指事情的复杂，就文字的形式而言，也是很杂的。比如说，本书主要是叙述，但也有议论，有为备忘而写的简单的记录，还有会议的发言。本书以外，还有相当多的附录，也是"杂"的一个方面。本书和附录主要是白话文，但附录里也有文言文体。我的意思是，利用这种多样性的方式，把几十年来所经历的各种复杂情况，一一如实地反映出来。

曾祖父周馥（玉山）

一 家世

在杂忆之前，我想有必要谈一下我的家世。我是安徽东至县人。东至县，唐时名至德县，五代改为建德，此名沿用约千年。1914 年改名秋浦，1932 年复名至德，1959 年与东流合并为东至县。

周氏号称唐代至德二周（周繇、周繁）之后。我的曾祖周馥（1837—1921）字玉山，清末官至两广总督。他 8 岁进私塾，13 岁学咏诗作文，16 岁时一笔好字为乡里所称道。1861 年在安庆受知于李鸿章，入其幕府。先从李攻苏州，后李督直隶，召馥至天津，遂以道员由直隶尽先保用，从此逐渐成为李鸿章的得力助手。周馥先会办海防支应局，后又署永定河道，治河很有成绩。又任津海关道，办理对外交涉事件，兼北洋行营翼长。以后又会办电报官局，办天津武备学堂。甲午战争前，他反对主战说，曾力劝李鸿章谏止朝廷。战争起后，周馥作为总理营务处，奔波跋涉，军械粮饷转运采买萃于一身，艰困百折，掣肘万分，然自始至终未尝缺乏军需一事。周馥虑事周密，处理外交事务尤其谨慎，鲜为人所持，常费心力了结前人未结之案，而不归过前人。任山东巡抚后，治理黄河有成效。周村开埠，抵

1920 年前后，周馥在天津三多里所摄全家福。左起坐者为周馥之子学辉、学渊、学熙，所抱幼儿为其长孙绍良。后排立者孙辈，左起：叔弢、季木、志俊、介然、叔迦、介臣、祥五、志辅
周馥曾孙中，一良排第六，诸堂兄皆不在天津，故得立于老人之旁

制德国殖民者，挽回了利权。1904年，升署两江总督，上海英国领事煽动罢市风潮，周馥亲自赴沪交涉平息。他晚年所著《负暄闲语》云："我但求有益于国于民，何尝计及一己利害？及到山东到两江，间遇外人要挟，我从未尝轻许一稍损国体，稍拂民心之事，亦从未与外人以藉口之端。"德国占领青岛，山东巡抚和德国总督无任何来往。周馥到任后要求访问青岛，青岛的德国牧师卫礼贤在所著《中国心灵》一书中说："他那率真坦诚和健康的幽默感立刻扫去了人们心中的疑云。"他的幽默还可以从八国联军撤退后，他至保定接藩司印时戏作一联看出："山有盗，野有匪，城有洋兵，何时是化日光天气象；库无银，档无册，房无书吏，全凭我空拳赤手指挥。"①

作为地方高官，周馥比较朴实，遇事认真负责，他曾引用李鸿章对他的评语："周某用心极细，虑事最精，且廉正有魄力。"当非自己虚构。作为江南水师学堂学生的周作人多年后回忆说，1906年曾见到总督周馥，说他"站在体操场上，穿了长袍马褂棉鞋，也很朴素，像是一个教书先生模样。"(《饭后随笔》及《周作人回想录》等不止一处）周又说，"实在那一天给予我们一个很好的印象，可以说在五十年间所见新旧官吏中，没有一个人及得他来的，并不因为他教我们办局子，乃是为了他的朴素、诚恳的态度，不忘记我们两个留校的学生，这在刘坤一、张之洞、魏光焘大概是不会有的。"

但是，当时民间对周馥也有些议论，这大约主要是因为他只不过是个秀才，没有科举功名。据光绪三十二年（1906）《大清缙绅全书》，山东巡抚周馥籍贯下注："附生"；两江总督人名下注："附贡"。附贡、附生皆指秀才。李鸿章攻破苏州后，曾举行一次乡试，周馥赴考而未

① 孙宝瑄《忘山庐日记》辛丑（1901）12月28日载，李鸿章死前已昏迷，周去时李睁眼说，我国将来如长期贫弱，惟有联俄；倘能富强，则宜拒俄，然后死去。但周馥自订年谱未载此事，疑为误传。

售。直到他做了总督，民谣还说：“昨日一科房，今日督部堂。”查周馥前后任巡抚的人（湘军军官及满族人除外），初任者 14 人中，多数是 40 岁以上，60 岁以下，其中 47 岁的 3 人，只有岑春煊 39 岁，陈宝箴 64 岁，而周馥比陈还大两岁，66 岁才升任巡抚。我想这与他不是正途出身定有关系。而 66 岁的人还要追究他是不是举人进士，可见科举功名在当时官场之重要。周馥自己当然也意识到这一点，在《生日放歌》诗中说：“我生不意布衣滥忝至旌旄。”虽然他后来与袁世凯一起上疏请废科举制度，但他的 5 个儿子中 4 个是举人，其中两个是进士，一个翰林，还有一个经济特科，这恐怕与其自身遭际不无关系。

我以前写《毕竟是书生》时，在极左思潮的影响之下，对于周馥作为历史人物评价很不够，主要把他当做清朝遗老看待。后来思想有所转变，在给尚小明同志《学人游幕与清代学术》一书写序时，借题发挥，纠正了自己过去的观点。现在应该进一步加以明确。他的《生日放歌》诗实际上表现了他对程朱思想的信仰和理念，并非只是清朝遗老的慨叹而已。例如张勋复辟后，曾封他为某阁的大学士，而他没有理茬儿。所以我在这里把我亲手撕掉的他所写的条幅记录下来，借以表示进一步学习晋文公重耳所说的“以志吾过，且旌善人”之意云尔：

> 我生不意布衣滥忝至旌旄，勋业未建神疲劳。更不意我生马齿逾八十，眼见坤维震荡天雨泣，龙蛇起陆海水飞，嗷嗷攘攘将安归。予亦吞声痛哭无所依，海滨息影逃是非。天有时而倾，地有时而缺，大道千古万古永不灭。燠寒休咎气使然，飘风骤雨行自歇。嗟嗟世事莽莽等飞烟，草堂风日自清妍。残书伴我送流年，耳聋目盲断世缘，此心独游羲皇前。生日放歌一首，不欲示外人。因暹孙尚知此意，故录与之。他日一良能解文义，可为解说宝藏之。己未秋（1919）闰七月，玉山老人书于天津三多里。

天津有周馥的祠堂，每年春节，周家人都去祭祀，但妇女不参加。周馥的子、孙、曾孙三代按辈分排列，举行三跪九叩礼，每次有一人单独出列，诵读祭文，大约是周学熙所撰。每年听一次，所以记下了头几句：

洪维我周，忠厚开基，肇迁兰水，文武英姿……

以下就不记得了。兰溪和玉山都是建德县境内的山水，故周馥取以为号。不知从什么时候开始，周家流传区别辈分的谱系：“国之大有文，礼乐光宗学，明良启俊贤，赞育庆咸若。”其实也不完全遵从这个表明辈分的命名法，例如周馥就是宗字辈，而他的名字并不带此字；我父亲是明字辈，而我祖父的五个儿子都把明字免掉了；现今只有良字辈还老老实实地按良排行，启字、俊字辈就又各行其是了。这是不是也反映了旧日宗法社会遗迹的逐渐消失呢？

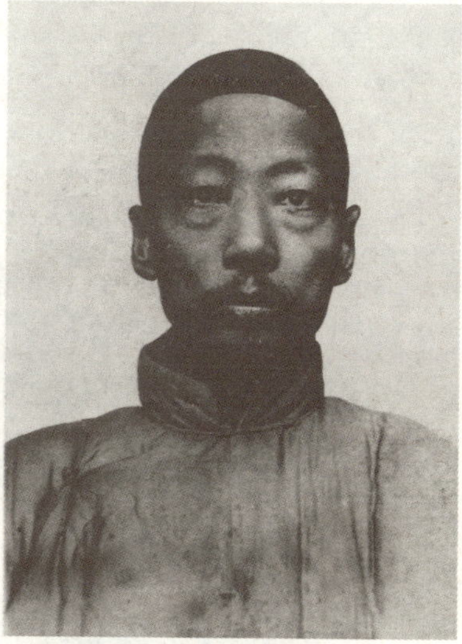
祖父周学海

我的祖父周学海（1855—1906），字澄之，改字健之。官至浙江候补道。《清史稿》有传。兄弟皆曾师事李慈铭，李氏曾在日记中说他们无贵族子弟气。学海性喜医学，服膺张璐、叶桂之说，论脉尤详。于一般病症与他医未见区别，而疑难大症则往往有奇验，所活甚众。刊有《周氏医学丛书》共三集。初集多属他校订的宋元医籍，计 12 种，世称善本；二集为他自撰和评注者 14 种；三集 6 种，校勘刊行者 1 种，其他 5 种也系他的自撰或评注本。书板犹存扬州，近年颇受重视，正重印问世。

据说祖父晚年为治病吸食鸦片，定时定量，躺下去吸烟，吸够即站起来去做事，从不在烟榻上流连。听说大伯父梅泉先生晚年吸鸦片，

约 1909 年，父亲周叔弢和他的兄弟姐妹。前排左起：梅泉大伯、父亲、仲衡二伯。后排左起：祥五五叔、季木四叔、三姑母、大姑母、五姑母、八姑母、七姑母

祥五五叔新婚

晚年的周叔弢

也是如此。从不在烟榻上吞云吐雾，甚至接待宾客。我的其他伯父、叔父中，也有人吸食鸦片，便不像他们这样，有自制的毅力，而沦为一般烟客了。

关于祖母的事，我所知甚少。前几年大伯父的长女、年逾九旬的孟芬大姐从湖南衡阳寄来她回忆点滴家史的录音带，讲到祖母给她的小叔九叔祖实之先生（学辉）喂奶的事。九叔祖的母亲是玉山老人三位侧室之一，因为做了一件什么事，据说有失官宦人家的体统，因此被赶出门外。这时九叔祖还在吃奶，有“断炊”之虞。当时祖母刚生了三姑母，奶水充足，于是自告奋勇，把九叔祖也接过来由她喂奶。这真是所谓长嫂如母了。后来祖母在扬州逝世，九叔祖从远道来奔丧。据说祖母还曾告诫九叔祖母，夫妻拌嘴时切不可涉及他母亲的事，那样会伤感情。看起来祖母是深明事理的。九叔祖的母亲无家可归，也没有嫁人，靠自己一点积蓄生活，后来九叔祖每年去扬州一次，就是去探望她。听说九叔祖曾经向处于族长身份的四叔祖缉之先生（学熙）长跪，请求迎养其母回家，但未获准。祖母去世时，对她的女仆祁妈说：“我的小男小女就托付给你了。”祁妈果然不负所托，始终在我家照料我的八姑和五叔，直到五叔结婚还在五叔家，我们都尊她为老祁奶奶。老祁奶奶奔走于我们家和八姑九叔家，给我们做安徽风味的食品等等。他的儿子有文化，来我们家和父亲等亲如兄弟。据我所知当时不少官宦之家主仆关系都是如此。

我的父亲周暹（1891—1984）字叔弢，后以字行。全国政协副主席，实业家、藏书家。事迹见周慰曾撰《周叔弢传》和李国庆编《弢翁藏书年谱》。

孤独寂寞一小孩（童年周一良）

二 童年与家塾

十四岁的周一良

我 1913 年 1 月 19 日出生在青岛。辛亥革命后，上海和青岛是两个清朝遗老聚居的地方。我的曾祖周馥来到了青岛。我父亲周叔弢父母双亡，曾在济南我的外祖父萧应椿家入赘[①]，后亦迁居青岛，跟着祖父生活。

人一呱呱坠地，就亲情而言，首先当然是母爱。而我出生次日母亲萧琬就去世了，根本没有母爱可言。我想一个人有没有享受过母爱，可能会影响到他的性格，比如我从小就比较斯文、听话和呆板，大喜大怒的时候很少，

① 徐金铭《六慎斋文存》卷三有萧应椿墓志铭。

生母萧琬

初到天津时住在意租界二马路，两所房中间打通

这可能与自小孤独、缺乏母爱有关。小时候我屋里挂有一张母亲的相片，别人问我她是谁，我就说是我的旧娘，问到继母许太夫人，我就说是我的新娘，这些话当然是大人教给我的。后来不知什么时候，那张相片也不见了，所以我对于母亲的印象可以说一点也没有。

外祖父也是拖着小辫子的前清遗老，矮而且胖，他自号颟公，“颟”就是大头的意思。我六七岁时，他住在济南，有时候来天津，每次来都给我带点玩具，比如说日本的木偶小人之类。他每次来都是匆匆一面，当然也没有谈起我母亲的机会。后来外祖母全家也到天津来住，她半身不遂，我过几个星期就去看她一次，那时我已经十三四岁了，现在回想起来，她也从来没有谈起关于我母亲的事情，也许是怕引起伤心的缘故。我母亲有一个二姐也在天津，我只是过年的时候才到她那里去拜年，平时很少见到。我的舅母和三个表姐、表妹都没有见过我母亲，更无从谈起我母亲的情况了。

现在我手上留存的母亲的遗物，只有她用油纸摹写的《董美人墓志》，那是当时很流行的帖。纸上所记日期，直到11月，已是产前不久了。还有两封她给我外祖父和舅舅的信，都是用八行信笺，娟秀小字。信的格式也完全是按照当时的习惯，有的抬头，有的空一个字、两个字等等，说明她受过严格的训练。有一个英文练习本，是用钢笔写的英文，用毛笔写的中文译文，主要内容是会话。此外还有一个练习本，封面用德文写着“德文练习”，还有拼写的她的名字，但里面全是空白，并无一字。我想可能是她打算学德文，但还没开始学就因生产而去世了。那时我父亲也学德文，在第一次世界大战以前德文是很时兴的。这些一鳞半爪可以说明我母亲当初大概是一位受过教育颇有文采的妇女。外祖父一定也很钟爱她，所以为我母亲写的挽联头一句就是“三千里外为尔归来”，大概是因为他钟爱的女儿要生外孙，所以老远地从东北赶回来。

初到天津时住在意租界二马路，两所房中间打通

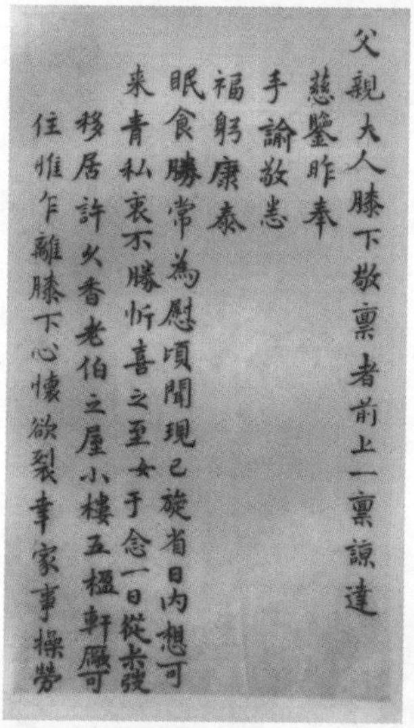

父親大人膝下敬稟者前上一稟諒達
慈鑒昨奉
手諭敬悉
福躬康泰
眠食勝常為慰頃聞現已旋省日內想可
來青私衷不勝忻喜之至女于念一日從赤霞
移居許火香老伯之屋小樓五楹軒敞可
住惟乍離膝下心懷欲裂幸家事操勞

萧琬给她父亲的信

在我所见到的母亲的遗物当中，还有两件应该特别提到。一件是夏旭同志寄来的我母亲的名片，中间印着“周萧琬”3个字，旁边注的是“逸楣，云南昆明”，背面有英文字，而且烫有金边，在民国初年应该是很时髦的东西。这张名片原是母亲的表兄董眉叔先生的大女儿曼卿表姐（夏仁虎先生的长子、小说家夏孟刚先生的夫人）保存下来的，曼卿去世后，她的儿子夏旭检点遗物时发现了

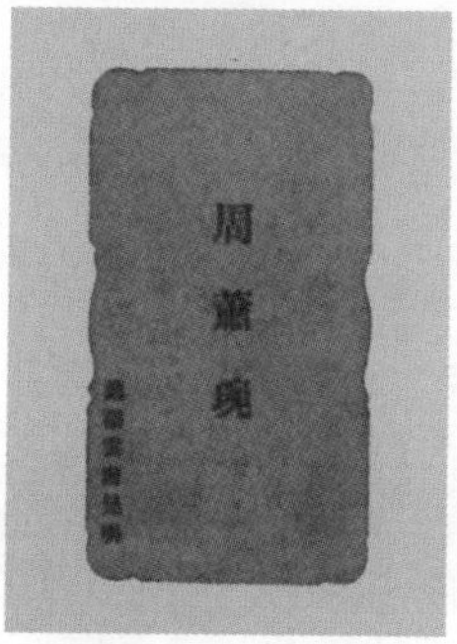

周萧琬的名片

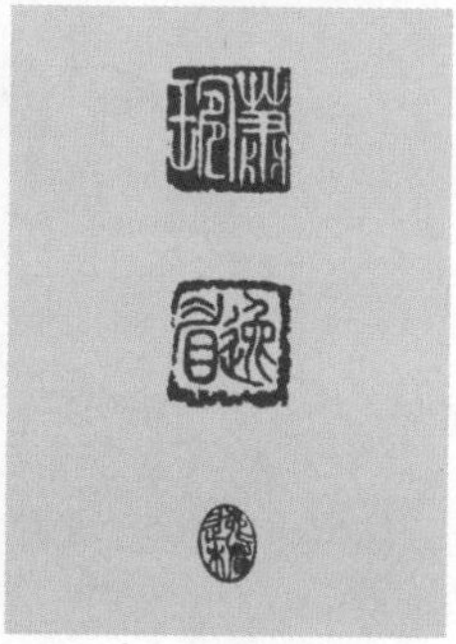

萧琬、逸眉印存

它，没有丢弃，看到我的自传后，想到“周萧琬”或许就是我的母亲，所以就把它寄给了我。

三姑母抱着一周岁的周一良

另外一件遗物是在非常奇特的情况之下保存下来的。许太夫人来我家之后，就把我母亲的衣物原封不动地存放在我母亲的箱子里，这样一搁就是10年。等到许太夫人去世，左太夫人来家，也用同样的办法把许太夫人的衣物封存起来，在箱子里又是一放六十多年。直到两年多以前，左太夫人去世，我的三个妹妹打开尘封了几十年的箱子，发现都是些旧衣服。我记得我母亲的照片，穿着一件棉袄，领子特别高，大概是民国初年的样式，衣服的花纹我也记得很清楚，我就问我的妹妹们有没有这样一件衣服，果然就在里面。那是一件棉袄，已经穿得比较旧了，看样子很可能是一直穿在身上，直到去世。这可以说是一件“考古”发现的东西。我心里很想把它留下，作为纪念，但转念一想，把死人穿过的衣服放在家里的箱子里，老伴也许会觉得忌讳却又不便明说，那岂不是心里疙疙瘩瘩的吗？这么一想，就放弃原来的念头，把它和别的衣物一起处理了。现在想起这件事，又不免有一丝的悲哀、惋惜和不安。

生母萧琬

母亲突然去世后，父亲对婴儿毫无经验，不知所措。他的朋友德国人卫礼贤牧师见义勇为，把我带到他家里去，由他夫人用牛奶喂养一年以后才送回我家，由孀居而又无亲生子女的三姑母抚育。我的几位姑母都嫁给了官宦人家子弟，如广东水师提督李准之弟，李鸿章的外甥兵工厂厂长张楚宝之子等。只有三姑母的婆家是建德县的乡绅，所以三姑母一直在家乡。姑父早死，她又无儿女，父亲把她接出来，也算是对她的照顾。我们吃冬笋都认为是很好的东西，而三姑母却说，“在家乡顿顿吃冬笋，腻死人了”。三姑母精明强干，没生过小孩，所以当时抚养我这个一岁的孩子，一定是兢兢业业，费了很大精力。她也非常喜爱我，当时她给我起的小名就叫“良子”，因为“良”字辈只有我一个人。

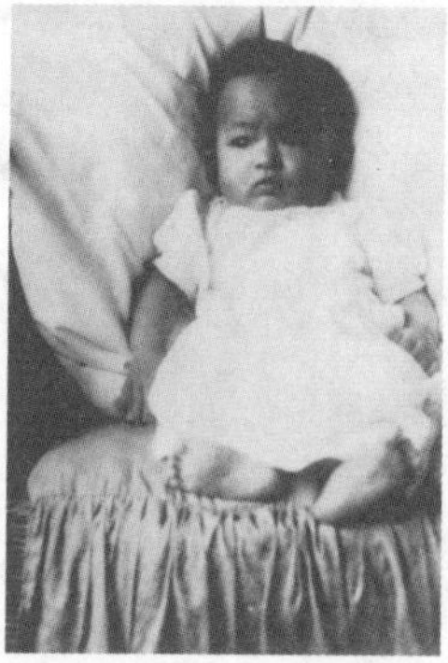

半岁时的周一良身着洋童装，在德国人家中

德国牧师卫礼贤

但现在回想起来，给我印象最深的不是三姑母对我的慈爱，而是她对我的教导。记得她经常给我讲当时财政次长李士伟如何孝顺母亲的故事：不等母亲向他张嘴，就把钱放在母亲枕头下，作为她打牌或买东西的花销。三姑母给我讲这个故事，那意思很明白，无非是希望我以后也这样孝敬她。我在工作以后，确实没有忘记她给我讲的这个故事。不过，我没法把钱放在她的枕头底下，因为她那时已经离开天津去了上海。这是因为，我的五叔受人欺骗，所办银号倒闭，移居上海，靠他的四个弟兄维持生活。五婶母是清末杀小安子的山东巡抚丁宝桢的孙女[①]，知书识字，和我们都谈得来，孩子们很喜欢她。但是，她和我们上海家里的人都不熟悉，所以由三姑

① 小安子，即安德海，宦官，清朝慈禧太后的宠臣。——编者注

三姑（左）与八姑（右）。一岁后的周一良由孀居而无子女的三姑母抚育

母陪伴他们一起去上海，就没有再回来。其实她的生活是有充分保障的，多余的钱都被和尚化缘化去了。

父亲周叔弢

我对父亲的最早记忆，总是我在生病，一个瘦高个儿的外国（德国？）大夫在床头给我看病，父亲在一旁把大夫的话翻译给三姑母听。父亲经常教育孩子要讲规矩、懂礼貌，他书房里的书籍和其他东西决不许孩子们乱摸乱动。父亲严格的家教给在我们家长大的表兄孙师白留下了深刻印象，他后来回忆说，当我父亲看他一眼，他就不敢再在饭桌上乱伸筷子了。孙师白（浔）与孙师匡（鼎）是五姑母的儿子。五姑母生性聪慧好学，与父亲特别友爱，不幸早死，把子女托给父亲。不久五姑父也逝世，父亲于是把师白弟兄和他们的姐姐都接到家里来，和我们一同长大，亲如兄弟，两人都毕业于上海交通大学电机系，师匡创立新安电机公司，对中国的电机事业很有贡献。他还搜集古泉[①]，收藏颇富，后捐献国家。

父亲对我的慈爱，主要表现在培养我所付出的精力和财力。当时我们家延聘的塾师，束脩很高，先是每月50元，后来升到80元，在当时物价较低而平稳的情况下（白面每袋2元），这要算很高的束脩了。此外，还有专门请来教我外文的外籍教师。其次，在买书方面也不惜投入。当时我们可以随意买书来看，古典小说《三国》《西游》不用说了，清末的《二十年目睹之怪现状》《老残游记》《孽海花》等，还有李涵秋、程瞻庐等人的鸳鸯蝴蝶派小说，向恺

① 古泉，古钱的别称。——编者注

弟兄姐妹六人　右起后排：一良、珏良、杲良；
前排：艮良、珣良、以良

然等人的武侠小说，以及《福尔摩斯探案集》《亚森罗苹探案集》《霍桑探案集》之类的侦探小说，在我们家都一应俱全。尤其是在买日文书籍方面，我再没有比（20 世纪）20 年代后期在天津那几年时那样的随意和方便了。我最后的日文老师是天津一家小书店真木堂的老板牧野田彦松先生，我每月都要去他那里几次，随意订书，等月底再结账。这期间我买过很多日文书，主要是有关日本文学、历史的书籍，甚至还买了坪内逍遥翻译的精装几十本的《莎士比亚全集》。但是五四以后的新文学作品，像鲁迅等人的著作，父亲是不许我们看的，他称这一类书为“《呐喊》《彷徨》之类”，一概加以排斥。这件事反映了我父亲思想保守的一面。然而他也有与时俱进的一面，后来虽然家里始终请塾师给孩子们补习古文，但从我二弟珏良起，就去念初中一年级了。再往下，有的弟、妹就从小学读起了。记得我的最小的弟、妹，是从幼稚园上起的。这正说明父亲并没有把对我的教育方式一成不变地沿用到其他孩子身上。

除了允许我随意买书之外，父亲还时常给我一些书籍。我这个人比较谦虚谨慎，不那么霸道自私，所以除去他主动给我的书以外，我很少向他索取，除非我知道他绝对不用的书，比如莫尼埃·威廉斯的《梵英大词典》，伯希和的《敦煌图录》，斯坦因的考古报告等等。1946 年，我从美国回来，决心专治魏晋南北朝史，知道父亲有一部小字宋本《晋书》，很想跟他要来。我想，作为一个魏晋南北朝史专家，有一部善本的《晋书》作为镇室之宝，不也是一件足以自豪的事情么？但我考虑再三，终究没有向他张口。现在回想起来，如果当初跟他要了，他很可能会给我的。由此我想到，父亲曾经对我说过，我的外祖父有一部什么很有意思的书，后来却不知去向了，他颇感后悔，心想当初为何不跟他要来呢。我想，我大概就是秉承了父亲的这种谦虚的、不自私的品性。

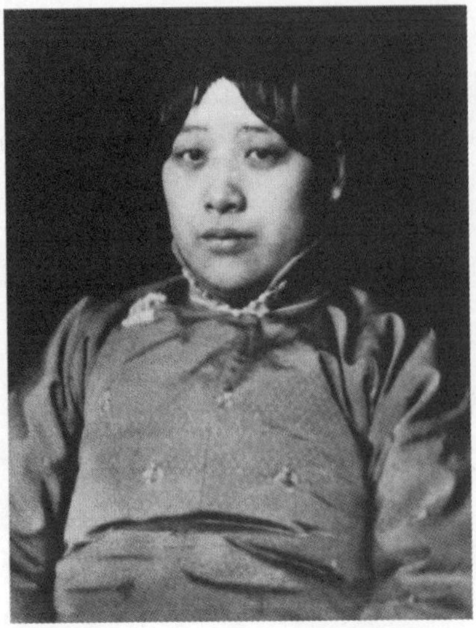

继母许和之

我4岁那年，父亲续弦，娶了杭州许太夫人（和之），是“许氏八乃”之后，次年生了我的二弟珏良。我父亲先后长期在青岛、卫辉、唐山和天津的华新纱厂工作，一年回家几次，抗战胜利以后才到启新洋灰公司（总事务所在天津）工作。许太夫人为人忠厚老实，家里的事似乎还是三姑母过问得更多一些。在我的印象里，许太夫人平常总是坐在牌桌上打麻将，还有就是坐月子。十年之间，她生了8个弟妹，此外还有两个小产了。最后许太夫人是在九弟治良出生尚未满月时就去世了。许太夫人对我这个前房的孩子毫无歧视，但是她对自己所生的儿女也不大过问。生产以前就雇好奶妈，孩子一生下来就交给奶妈去喂养，所以弟妹们从奶妈那里得到的母爱也许比从母亲那里得到的还要多得多。

我自小玩的游戏很少，现在还有印象的是抖空竹，有一张幼年时期手拿两根竹棍子的照片，就是这种游戏的见证。等到珏良四五岁时，才开始有了玩耍的伴侣。我当时虽然也才不过八九岁，但已经有了哥哥的威严，记得我每次一生气，珏良必定连声叫“大哥、大哥”，直到我答应为止。这也从一个侧面说明了许太夫人对孩子们的确是一视同仁的。我还记得，许太夫人从娘家带来的箫和笛子等等，后来都被我们当做武器来玩了；她还有一部白纸石印的《缀白裘》，也被孩子们当做图画来看。估计许太夫人结婚前是喜欢昆曲的，结婚以后，因为父亲没有这方面的兴趣，所以就放弃了。许太夫人是在民国十四年（乙丑年）的十二月二十九日，即1926年2月

11日，也就是小除夕那一天去世的。而就在那之前五天，我们敬爱的老师张潞雪先生也因病去世，所以这个旧历新年我们全家是在凄凄惨惨的气氛中度过的。

恩师张潞雪先生（1924年）

我的开蒙老师武青田先生，是一位50多岁的职业塾师。开蒙读的是《孝经》。第二位先生名周勤伯，他似乎新派一些，教了我注音字母，还读了《四书》和《诗经》。第三位就是南皮张壸（潞雪）先生。张潞雪先生来我家之前，我已经开笔作文——文言文。张先生宗桐城派，给我讲过一些桐城义法，我的古文写作能力似乎也有所提高。现在回想起来，恐怕还是得益于桐城派所主张的"雅洁"二字，也就是要求文字干净利落不说废话，把多余的字和句尽量删掉。后来，我无论写文言或白话文，都严守这一规范。我的五叔祥五先生（周云）也喜欢做古文，他和张先生的关系是师友之间。五叔为了写文章，常常假想一些人物事迹，作为他写墓志铭的主人公。因为桐城派大师吴汝纶曾著有《深州风土记》，五叔便写了一部关于自己家乡的《建德风土记》，未刊行，稿藏天津图书馆[①]。

张先生之父张曾敭，清末曾任山西和浙江巡抚。听说他在世时是住在十楼十底的大洋房里。张死之后，4个儿子分了家，才住到耀华里这种里弄房子里。开学那天，我们第一次见到先生。他身穿

① 五叔父有孙名启登，精乌尔都语，翻译其文学作品，为国内仅见之少数乌尔都语学者，为中国与巴基斯坦文化交流做出贡献。惜天不永年，未及50而殁。

重孝，灰布棉袍，黑布马褂。开学典礼，首先是向至圣先师孔子像行跪拜礼。这幅像与一般的孔子像不同，比较雅致，记得上面写着“奉节张朝墉绘”。当时孔子像前地下的垫子上铺着一块大红色毡子，只见先生弯下腰轻轻把红毡子提起来放在一边，然后跪下叩头。这一动作既有礼貌，而又潇洒熟练，给我印象很深。

先生很注重讲书，也很会讲书。讲《左传》时，他从一部小字的《皇清经解》上用行书小字把惠栋、沈钦韩等人的左传注解摘抄在我的读本的天头上，择善而从，融会贯通后讲给我听。他口才很好，使我听得神往。张先生烟瘾很大，手指被纸烟熏得焦黄，他用手指按着书一字一句地讲，我低头仔细地听，听得非常入神，同时也被他手指上散发出的烟味熏得够呛，但丝毫没有反感。多年以后，我每次闻到烟味就想起张先生讲书的情景。我用的那部相台五经本《左传》和我父亲的大量普通书一起给了天津图书馆，很想将来把这部书借出来复制先师手迹以为纪念。

张先生除去讲书以外，还喜欢给我们讲曾、胡、左、李的逸事，讲起来兴高采烈，对曾国藩尤其佩服。曾国藩用孔孟之道批判洪秀全，他完全赞成。他也常常提到满人对汉人的猜疑和歧视，对此表示不满。看来他和当时汉人高官像他父亲那样的人思想相接近，但对于他的父亲——处死秋瑾烈士的浙江巡抚张曾敭，则从来没有提起过，大概由于当时已是民国，他自己也心感愧疚吧。

张先生的著作留下的很少，我现在只有他和先父乙丑（1925）重阳诗：

休将世意悲原宪，应鄙奇谋法计然。
已分孤穷人共弃，谁能驰骋众争妍。
寒风蓝水惊佳节，野树秋砧忆旧年。
怅望闲庭空伫立，何时吹帽落君前。

张先生28岁就去世了，我后来只找到一条极为简单的关于他的记载，满人遗老耆龄的《赐砚斋日记》癸亥年（1923）正月初十日有这样一条："聘三来。张世兄壶来。均久谈。"[①] 耆龄为光绪十八年壬辰进士，与我祖父同榜，大约也是张曾敭的朋友，张先生属于小辈，故称世兄。张先生去世后，五叔为他写了一篇墓志铭，又写了一篇《张潞雪先生遗札跋》，天津古文大师赵生甫（芾）先生给予这篇短文很好的评价，8个字的评语是："沈毅精劲，力能贯札。"

张先生去世以后，曾经有两位短期来教我们的老师。一位是王武禄（纬斋）老先生，年近70，曾在我们家教过我父亲和我的姑母们。他的头有点歪，扬州方言管歪叫"斜（qiā）"，所以王先生的外号就叫王斜（qiā）头。王先生喜欢作诗，在天津常与严范孙先生等唱和[②]。另一位是张同书先生，《石遗室诗话》卷十九有一段关于他的记载："北人能诗者少，有之则往往意直词显，而笔气却不靡弱。雄县张玉裁同书，大学文科毕业，充陆军大学教员。喜为诗，笔势轩爽，但时作悲慨语，十首以上，词意多相近。余劝其多读少作，且读书不但读诗，自有左右逢源之候。"以后又有两位遗老来教我们，一位是相信义和团的毓贤的兄弟毓廉（清臣）先生，一位是温肃（毅夫）先生，温先生还和杨钟羲、王国维等被宣统任命为南书房行走。按照陈寅恪先生戏言的规律，周氏家塾的子弟也可算"大清天子同学少年"了。但是我并没有从他们那里学到什么东西。更为遗憾的是，王武禄先生和张同书先生自己喜欢作诗，却没有教过我们这几个学生作诗。

1927年前后，我的叔祖父缉之先生（周学熙）办了一个师古堂，

① 见《中和月刊》5卷9期。耆龄事迹见卞孝萱《辛亥人物碑传集》。东陵被盗后，曾参加收骨工作。

② 严修，字范孙，号梦扶，中国著名教育家，被称为"南开校父"。——编者注

与张潞雪先生之侄、九一高龄的张伯健欢聚

周家子弟每月都要习作，或作文，或赋诗，或写字，作为一种月课，请塾师评阅以后，再让大家巡回观摩。后来叔祖父把这些诗文汇集印出来，名为《周氏师古堂课选》，一直保存至今。最近发现其中也有我写的读《隋书》札记和几篇古文习作，应该说这些都是张先生教育的结果。现将五叔的两篇文章和我的习作附录于后，以表达对恩师的纪念。

1962年以后，听说张先生的儿子孙绳（迪武）在天津新车站工作，我曾去找过他。可惜没有见到本人，只见了他妻子一面。1999年秋天，我辗转与张先生的侄子、1933年毕业于清华大学、现已91岁高龄、从商务印书馆离休的张伯健先生联系上，知道他们堂兄弟之间也没有来往。我让儿子在天津就近查访，才得知恩师的儿子已去世，张师母得享天年。我连忙把宝藏多年的恩师的照片复制四份，给他们寄去，并询问情况，希望在我有生之年能为恩师的后代多少尽一点力。后来，孙绳的次子张磊给我来信，讲了他们弟兄三人和他妹妹的情况，都能自食其力，不坠家声。张磊出差到北京，曾来探望我，畅叙一下午。他妹妹张宁也曾给我来电话，征求我对她女儿上大学的意见。

1927 年，父亲续娶了第二位继母阳湖左太夫人（道腴），是诗人黄仲则之挚友、名臣左辅之后，次年生了我最小的弟弟景良。

1928 年，上海梅泉大伯（周达）的四个子女因与由侧室扶正的继母不和，一起到天津来投奔我父亲，这就是梅泉大伯诗里说的“南阮偏依北阮居”①。来天津的有大哥震良夫妇及其子启昆，二哥煦良②，四姐叔昭，五姐叔娴。二哥煦良和两个姐姐都喜欢文学，他们的到来给我开了新文化的蒙，我开始看鲁迅、沈从文的小说，同时也读了胡适之的《中国哲学史大纲》这一类的书。我从这时开始写白话文，我们还编了两期杂志，名叫《新雨》，全是自己写、自己画的。我翻译了日本进步儿童文学作家秋田雨雀的《先生之墓》，这是我以前学日文时课本中的一篇泛读文章，描写师生间非常真挚的感情，我印象很深，所以用白话把它译成中文，以纪念张潞雪先生。这大概是我最早用白话写的文章。

---

① 见《今觉盦诗》卷二《五十初度述怀八首》之七。此诗末两句“莫笑阿奴恒碌碌，能兴络秀倘关渠”，盖指庶出的炜良兄。炜良（约翰·霍普金斯大学教授）数学成就卓越，不负诗人的期许，曾任美国数学学会会长，被选为台湾“中央研究院”院士，但从未到会。

② 煦良有子启成，复旦大学中文系毕业，杭州大学古籍研究所教授，治先秦诸子及宋代文学颇有成就。

1935年五子登科，手持文凭。分别是大学（一良，中）、高中（珏良，左四）、初中（杲良，左二）、高小（以良，左五）、初小（治良，左一）

三　从专修科到正途出身的历史系

我在私塾读书，又受教于唐兰先生，读了一些如《经义述闻》《观堂集林》之类的书，对于清代朴学颇为向往钦佩。当时很爱读的一部书是支伟成编的《清代朴学大师列传》（此书最近重印）。对于北平国学界的情况颇为熟悉，很感兴趣，诸如清华国学研究院的刊物《国学论丛》，北京大学的《国学季刊》，清华和燕京的学报都买来看。1927 年，王国维先生自沉于昆明湖，也使我很震动和哀伤。我想离开天津到北平去寻师深造。因为我没有数理化的基础，不可能考大学，而兴趣又在国学方面。清华国学研究院当时已停办，燕京大学有专门训练中学国文老师的二年制国文专修科，入学不问资历，只考国文、历史，自己觉得还有希望可以考取，而我父亲这时可能也感觉到只读私塾不够，同意我去北平，于是我 1930 年秋进了燕京大学国文专修科（学号 30604）。

专修科的同学大约有二十多人，和我最熟的是瞿润缗（子陵，苏州人）。他和我当时都喜欢古文字学，听了容庚先生的课，他协助容庚先生做研究，并编录燕京大学所藏的甲骨。1932 年毕业后，曾在中华书局参加《辞海》的编辑工作，虽然时间不长，编辑人员的名录中却列有他的名字，因为他工作比较出色。近年我才知道，他1937年左右在赵守俨先生家里教过家馆，为赵讲授《汉书·艺文志》，以后的情况就不清楚了。另外两位比较熟的，一是后任人民文学出版社编辑的黄肃秋先生（毓霖，吉林人），一是现在兰州大学的沈国华先生（心芜，河北人）。还有一位上一班的同学是王重民先生的夫人刘修业，直到晚年，我们同住在燕东园。王先生逝世后，她以全力搜集整理王先生的遗著，一本一本地出版，这种精神和毅力极可钦佩。可惜她耳朵聋，听不见我说的话，她所说的南蛮鴃舌的福建话我又听不懂，所以失去了关于国文专修科共话沧桑的机会。

国文专修科1930年班班长和泰（培元，河北人）是一位中学教师，很活跃。听说他毕业后去了陕甘宁边区，与范文澜、于光远等同志大约同时在延安。他到延安后入党，据说曾任毛主席的哲学秘书，延安《解放日报》登载过他的一些抗日文章。后来在延河游泳时不幸溺死。

我在燕大国文专修科时，表兄孙师白已从上海交通大学毕业，在清华大学电机厂任工程师，我们两人过从甚密，每到周末，就到北平城里的四叔父季木先生（周进）家里去玩儿。四叔父喜欢金石之学，所藏汉晋石刻甚多①，方地山先生赠他的对联有“所得汉碑堪作屋”之语。商承祚先生赠以手写篆书横幅，称“二百汉晋石斋”②。在天津时，曾选印成《居贞草堂汉晋石影》，由柯凤孙老先生

① 季木先生收藏甚富，后人编有《季木藏匋》《魏石经室藏玺印景》，他所藏铜器由商承祚编入《十二家吉金图录》。关于季木先生的生平，请参看《收藏家》杂志1993年第2期周珏良文。

② 罗振玉曾以篆书为家父书写“孝经一卷人家”横幅。二者之一曾流传海外。“文化大革命”后，阴错阳差，师徒二人为兄弟二人所书横幅现同归于幼弟景良收藏，实为巧合。

五姑母之子、硫酸大师孙师白表兄

题写书名，他命我写扉页背面记载印行时间、地点的几个字，我因楷书太差，就用笨拙的篆书写了，这是我的篆书首次印刷出来。直到 90 年代，北大选印教师们的书法，我的篆书才第二次见于印刷。

孙师白与四叔父的长女琬良恋爱结婚，当时师白为了疗养肺病，与琬良住在香山半山亭，我常去他们那里玩儿。师白病中性情暴躁，一方面非常爱琬良，另一方面又常有很野蛮的举动，使琬良不堪忍受。有一次，琬良忍无可忍，不辞而别，师白着了慌，深夜跑到燕京来找我。两人雇了汽车，打着手电，爬到半山亭，还是没有找到，只好下山来，在清华同学会住了一夜。最后是在琬良的外婆家找到她，两人言归于好。深夜打着手电上山，寻找出走的爱人，这在孙师白来讲是一次深刻的教训，对我来说也是从没有过的事情，所以印象颇深。

师白后来改行研究硫酸，成绩斐然。新中国成立以后，他在国内硫酸界的贡献非常突出，与侯德榜先生并称为化工界的两位大师。很多地方建设硫酸厂，都请他前去指导。在他逝世以后，由他创建起来的硫酸厂为他竖了一尊铜像。师白活到差不多90岁，在他70多岁的时候夫人去世，他与一位比他年轻四五十岁的中学教师结婚。此事本来无可非议，但在周围的人们看来，这种老夫少妻似乎是很不名誉、很不道德的事情，他的政协委员就因此被撤掉了，对他的待遇也有种种不公道的表现。但他完全不在乎人们的议论，依然苦心钻研，不断有所发明，并在国际硫酸学会议上发表论文。在他逝世以后，我曾作一挽联："半山槐宝，踪迹相寻，平生见待，真如兄弟；理论工艺，创新不断，化工齐哭，顿失宗师。"香山的半山亭和后门的槐宝庵均为师白兄旧居之地也[①]。

我觉得专修科不是正途出身，就想转学。这时，对北平各大学的情况了解得比较多一些。国立学校转学不但要检验中学文凭，而且还要考一年级入学的所有科目，我当然没门儿。

刚刚成立的辅仁大学查验文凭比较松，当时造假文凭风甚盛，我在琉璃厂假造了一个安徽高中的文凭。同时，辅仁入学考试也比较松，数理化中只考数学一门，我就请我的表兄孙师白替我去考。他是上海交大电机系毕业的，考大学一年级入学的数学显然不成问题，我就这样进了辅仁大学历史系。

新开办的辅仁大学，对于一年级的课程很不重视，我感到不满足，同学们的水平似乎也不高，不少学生并不安心读书，例如我同屋四个人，一位叫廖鸿恩，一年后转学到北大教育系了；一位叫张矩祖，爱好踢球，经常和球队高手赵锡田（北大同事赵锡霖教授之兄）去踢球，一年后转学到杭州笕桥航空学校去了；我最后也离开了，只有来自四川大邑县信仰天主教的李姓同学留在辅仁。

---

① 师白有子启治，通《说文》及先秦诸子之学，协助顾廷龙先生整理《尚书》文字，是顾的得力助手。近年整理研究上海图书馆所藏碑帖，时有创获。女启康，高中特级教师，推行心理咨询，甚见功效。

辅仁大学历史系一年级的同班，我只和两位有来往，一是山西人杨德铨，西北军将领薛笃弼的女婿，后到美国在哥伦比亚大学从海士教授研究欧洲近世史，那时我们还曾见过面。另一位是叶公超夫人袁永懿的弟弟袁永熹，汇文中学的学生，尚未毕业，用他姐姐的毕业文凭考取了辅仁大学。此人一年后转到清华大学，后来参加革命，失去联系。

同班同学张家驹

当时只有燕京大学转学是只考国文、英文两门，我当然优为之。这样，我就以辅仁大学一年级生的身份转入燕京大学历史系二年级。这年级一共三人，另两位都来自广东，一为张家驹，专治宋史，后在上海师范大学任教，著有《两宋经济重心的南移》。他的夫人杨淑英，燕大社会系学生，也是邓懿的好友。家驹的公子在文化大革命中失踪，家驹去世后，杨淑英和孙儿张飚相依为命，在上海教中学，极受学生欢迎。另一位同班同学刘选民，毕业后回香港，在教会从事与教育有关的工作，数十年未通音信。90年代末得知他已定居加拿大，急忙去信，并互赠照片，已经完全认不得了。

历史系比我高一班的学生中只有一女生，后在天津广东中学教历史。比我低的几班中，则人才济济。如侯仁之先生，后来与谭其骧先生从不同方面创建了中国历史地理学科，两人又一同被选为第一届中国科学院院士。仁之以所学对国计民生作出了重要贡献。此外还有王伊同，江阴南菁中学高材生，燕京毕业后辗转在美国教中文，主持宾夕法尼亚大学东方语文系。他中英文俱佳，曾翻译《洛

1986 年春，与谭其骧（左二）、王钟翰（左三）、贾敬颜合影于民族学院王家

阳伽蓝记》为英文。1989 年我们共同评论马瑞志教授的英译《世说新语》，确切的英文翻译多由他提出。还有王钟翰先生，他钻研清史，得邓文如师之真传，蔚然为当代清史老专家。

历史系研究生当中，我熟悉的有谭其骧和国文系毕业而进入历史研究院的张玮瑛。邓懿毕业时，张玮瑛在她的纪念册上写的一句话：懿的温柔秀美是神的杰作[①]。玮瑛当时是虔诚的基督教徒，这句话出自她口，是很有分量的。所以我始终记得这 11 个字，我每次看到玮瑛就想到古书上说的"温柔敦厚，诗之教也"。那时她尚未结婚，我和邓懿就给她起了一个外号"慈母"。还有陈沅远，他的硕士毕业论文《唐代驿制考》至今被认为是这一问题的经典著作。还有两位国文系的研究生。顾廷龙（起潜，苏州人）来燕京一年，即获得硕士学位。他后来的贡献世所共知，这里不必说了。我曾请他写一副对联，文曰"不如意事常八九，可与言人无二三"，不知何故，

① 这本纪念册中还有一幅画我至今记得清楚。那是邓懿的挚友范炳桓和她的丈夫沈祖徽所画的，一个鸟笼子里有两只小鸟，象征他们自己。而有另外一只小鸟在笼外飞翔，大约是象征自由之身的邓懿。这时或者还没有"泰山情侣"，或者有而他们不知道。

1982 年出席匹茨堡大学洪业先生遗书赠送仪式的洪门三弟子。左起：王伊同、邓嗣禹、周邓两夫人、周一良。三人分别在会上报告了洪先生的学术贡献

他把下联“言人”二字倒了过来成为“人言”，意思便大不一样。我在这里说明此事，以免日后有人误会。谭、顾两先生虽非燕京本科毕业，但在燕京的熏陶与学习，对他们以后的学术成就与贡献是起了极其重要作用的。他们两人应该是燕京的骄傲，而燕京大学始终没有聘请他们为燕京的专任工作人员，这和胡适之先生的诗句“纵然不是家园柳（指清华杨联陞、燕京周一良），一样风流系我思”所表现的胸怀岂非大异其趣？另一位国文系研究生刁汝钧（士衡，河北人）来自暨南大学，曾专门赴巴黎抄录敦煌变文，郑振铎先生编写的《插图本中国文学史》提出变文问题，引用资料甚多，即利用了他所搜集的材料。刁喜欢戏剧，在内地协助熊佛西从事戏剧运动很

1935 年戴上方帽，终于正途出身成为燕京文学学士

有成绩，新中国成立后在陕西师范大学任教授，父子祖孙三代人都是戏剧家。

最后应该提到的历史系研究生是邓嗣禹（持宇，湖南人），他与我同学四年，在湖滨宿舍的东窗下名副其实地同窗二年。此人艰苦卓绝，发奋用功，以后在中国近代史、外交史、考试制度、秘密会社、太平天国以及近代史目录学等方面都有著作。他任教于美国印第安那大学，获得“大学教授”称号，去世后，系里给他立了铜像。在美国大学任教的燕京大学历史系同学，还有教梵文与佛教的陈观胜和宋史专家刘子健。此外，历史系出身的知名学者还有聂崇歧、齐思和、翁独健、瞿同祖、郑德坤、李晋华、赵丰田、冯家昇、王育伊等许多位，这里就不一一介绍了。

国文专修科时期，我惟一熟识的外系同学是政治系的叶笃义。他也是安徽人，我们两家是世交，他祖父曾任陕西巡抚。他毕业后参加了革命，“文革”中“四人帮”因为要整刘少奇同志，就先整徐冰（当时负责统战工作），而叶笃义当时是民主人士，与他有联系，因此把叶

探望论交 70 年的叶笃义（左）。叶已中风

笃义关在牢里4年3个月20天，想从叶笃义这里寻找徐冰的把柄。这一点直到叶出狱以后很久他才知道。他现在担任民盟中央副主席，著有《虽九死其犹未悔》。90年代以后，燕京大学的校庆也定在5月4日，他每年校庆必来，但不到礼堂开会，却到燕东园我家叙旧。燕京大学虽不存在，但是燕京的凝聚力很强。这种凝聚力，这种双重的关系，使我们每年一度的会见维持了很久。后来他中风，不能出门，我便去看他。他说话已经不太流利，而两人握手对坐同样感到温暖，我常想起老友杨莲生当年要与我"行个洋礼"，不也是出于同样的原因吗?

燕京大学男生食堂30年代包饭，每人每月8元5角，凑足四五人一桌，还可额外点菜。和我一起包饭的有邓嗣禹、化学系的傅缉明（抗战胜利后赴台湾任制糖厂技师）、医预科的邓庆曾（后赴美行医）、社会系的杨骏昌（新中国成立后任天津食品研究所所长）。傅、杨两位近年先后去世了，邓大夫80年代在美国还曾见过面。

上述这些同学都成绩斐然，各有贡献，不就是燕京校歌中所唱的"人才辈出，服务同群，为国效荩忠"吗?

1982年与顾廷龙（右一）参观美国国会图书馆

两人先后大学毕业

四 燕京岁月

燕京大学校长司徒雷登（1936）

燕京大学国文专修科虽然有不少女生，但我当时没有什么社交。辅仁大学历史系则根本没有女学生。1932 年转回燕京，全系的女生也很少。到 1933 年春，学生会组织去泰山旅游，才开始与邓懿（生于 1914 年 4 月 17 日）相识。其实我对她早有所知，她毕业于天津南开女中，原名邓婉娥。当时，燕京大学与南开中学之间有所谓保送制度，凡中学品学兼优的学生可以不经入学考试，直接升入大学。她各门功课都很好，尤其喜欢文学，颇受知于南开高中著名国文教员关健南、孟志荪两先生，作文常受表扬，贴在墙上“示众”。她父亲对她的文学修养并没有加以栽培，只是耳濡目染，受到一些影响而已。她非常喜欢京剧，特别是程砚秋的戏，很欣赏他

邓懿“醉酒”戏装像

南开女中学生男装演话剧

《北洋画报》第687期上刊登的邓懿女士像（1931年10月8日）

的低徊婉转的唱腔。她自己也喜欢唱，但嗓音嘹亮，与梅兰芳相近。南开女中学生曾在九一八以后排演过爱国话剧《反正》，男人都由女生扮演，如著名妇科医生严仁英饰师长，马珠官（在台湾）饰副官。据当时还在初中的马珠官的弟弟桂官（现也已80出头）前不久来信，说邓懿背向观众，念长篇台词，声音响亮，台下听得入神，寂然无声（南开女中1932年毕业生年刊载有当时剧照多幅）。她在入燕京后改名邓懿。

30年代，天津有一家名叫《北洋画报》的刊物，是赵四小姐的姐夫冯武越所办，雅俗共赏，颇受欢迎。该刊每期的刊头上都是一位女士的玉照，或两位女士的合影，其中有电影明星，如胡蝶、阮玲玉等，或者就是当地的大家闺秀。这些大家闺秀的照片是怎么来的呢？据说是由她们常去的天津同生等著名照相馆提供的，《北洋画报》毋需付稿费，而照相馆则可借此做广告。当时尚无肖像权一说，所以这些大家闺秀的照片就由他们随意刊载了。邓懿的照片就经常上《北洋画报》[①]。

我是从外校转来的二年级学生，按规定必须补修一年级的中国通史，由邓之诚先生讲授。当时邓懿是国文系一年级学生，也在这个班上，不过我们没有交谈过。1933 年春到泰山旅行时，我们开始有了接触。邓懿为我在虹桥飞瀑拍照。照片洗出后，我送给邓懿一张，背后附题记“廿二年春游泰山邓懿同学为我拍因赠　一良”。后

1933 年游泰山，邓懿为我摄像

① 1999 年 11 月，由白化文先生指引，从旧书店购得影印全套《北洋画报》，价 3000 元，对一介书生而言不可谓非“豪举”。《北洋画报》中陆续刊载邓懿照片共十五六帧，最早者 1931 年，时年 17 岁，于今已 70 年。《画报》所刊人物中，长寿至今者，邓懿即使非仅存之硕果，恐亦寥寥无几矣。

来我的钱包和大衣被土匪抢走，当时认识的天津同学只有邓懿，于是就向她借了 5 块钱。回天津以后，上她家里去还钱，才逐渐对她的家世有所了解。她的父亲邓镕，字守瑕，四川成都人，出身贫寒，清末留学日本学法律，回国后做了律师，同时也靠吃瓦片（做房东）有所收益。他还是一位诗人，著有《荃察余斋诗文存》。汪辟疆的《光绪以来诗坛点将录》里用一首诗评论了他和傅增湘两个人。黄濬的《花随人圣庵摭忆》中曾有两处提到他的诗，一处亦将他与傅增湘相提并论，另一处将他与樊增祥并提。守瑕先生殁后，黄书中称“荃察余斋诗中长篇歌行不少，颇有感时纪事之作”，故挽诗有云“记事解为长庆体，沈忧还遘广明年”。因此，我和邓懿的家庭背景和文化教养都比较接近，谈起来有很多共同感兴趣的话题，比如我们都喜欢听顾随先生的课，都喜欢看京剧，都喜欢听刘宝全的大鼓书，等等。

邓懿的父亲邓镕，字守瑕，律师、诗人；母亲孙娟

1933 年泰山南天门合影。后排左四为邓懿，右三为周一良

泰山旅行团的女生访问冯玉祥夫人李德全（抱小孩者）。后排右一为邓懿

邓懿是上过《北洋画报》的“名媛”，所以入学后颇为引人注目。据说她刚入燕京时，就有一位同班同学追求她，那人西装革履，对她百般逢迎、千依百顺，反而引起她的反感，断然拒绝与他交往。而我呢，一身蓝布大褂，像个老学究，不穿西服，——事实上，我家里也从未给我做过西服。我每学期从家里带200块钱到学校来，除交学杂费和伙食费以外，所剩无几，没有多余的钱做衣服。直到我有稿费收入以后，才做西服

恩师邓文如先生

恩师洪煨莲先生

女生宿舍二院门口，男生止步。每年只有返校节那天可以在女生宿舍招待男生

穿。另外，在我与邓懿的交往中，决不唯命是从、唯唯诺诺，倒是经常与她发生争论，这也是与那位男同学大不相同的地方。或许就是因为这两个原因吧，邓懿对我似乎较有好感。

就这样，一来二去，我对邓懿逐渐由最初的好感产生了爱，但她心里是怎么想的，我不知道。有一天晚上，我陪她从图书馆回到女生宿舍二院门口，就在我们即将分手时，我毅然决然地用动作明确表达了我的爱情，我的这种冲动对她来说大概有些意外，又似乎是在意料之中。恰好这时钟亭的钟敲了三下，是九点半（此系采用西方海上报时方法）。当时我们都在学法语，因此事后常常用法语“ncuf heures et demie”提起这个时间。当时邓懿对我表示，由于她父亲过早去世，母亲又体弱多病，弟弟、妹妹还年幼，她必须主持家务，不能结婚。我的回答是，这一点也不成问题，对于她的母亲，我是会负责到底的。40年来的事实证明，我实践了当时对她许下的诺言。

当时燕京大学规定，女生宿舍的一、二、三、四院男士免入，男生来访只能在门口按铃，请女生出来谈话。女生宿舍的北面有两座小楼——姊妹楼，靠北面的那个小楼，就是专门为女生预备的会客室，屋内摆放着许多沙发，沙发的靠背都很高，是为了方便学生躲在沙发背后谈心。燕京大学的校园非常美丽，湖光塔影，草坪上、柳荫下、湖水畔、钟亭边，无处不可流连，都是情侣们谈情说爱的

邓家的掌上明珠

茅亭中

柳荫下

天然胜地。记得俞平伯先生曾经说过，清华园好比是一篇散文，而燕园则好比是一首诗。燕京的学生可以说是在诗一般的环境里学习和生活的。

此外，还有一处情侣们经常光顾的地方，就是燕京大学东门对过的常顺和饭馆，饭菜可口，而价钱不贵，环境也比较干净。男生们常在此宴请女生。直到今天我还能数出常顺和的一些菜名，如糖醋熘松花、焦炸土豆丝、叉烧肉、白烧白菜等等。还有家常饼和伊府面，也都很受欢迎。说到这里，我可以再举出一件邓懿与别的女生的不同之处。通常男女同学出去吃饭，理所当然地是由男士付账，而邓懿遇到这种情况，总是和我争着要付账，由此可以看出她所具有的那种独立自主的新女性精神。

前面说过，邓懿在大一时已经拒绝了那位追求她的男生，但我并没有因此而放松警惕，甚至变得有些疑神疑鬼。邓懿有一位很要好的女友，论才论貌都远不如她，这位女友有一位燕京毕业的表兄，一表

游十三陵

幼时的邓懿

着学士服的邓懿

人才。他们三人很谈得来，常在一起。当时虽然听说那位表兄对他的表妹很中意，但让我觉得蹊跷的是，为什么他在如此优劣悬殊的两个女友中，不“择优录取”呢？我一直为此怀有醋意，感到忐忑不安。直到那位表兄最后与他的表妹结了婚，才消除了我的担心。

另外还有一位男同学也曾引起过我的疑心。他是比邓懿低一年级的医预科同学，这位同学多才多艺，经常去找邓懿，在她面前每每以小弟弟自居。促成我和邓懿在泰山结识的那次旅游，他也去了。就在我们从泰山回来后的那年秋天，邓懿与一位女友，还有这位“小弟弟”，一起去过一次十三陵，这自然引起我的注意和警惕。不

1935年，明陵二日游

燕京是处可流连。未名湖边

过在那之后不久，亦即“九点半”之后，我就打消了这种顾虑。1935年春，我和邓懿两人一起，无拘无束、自由自在地做了一次明陵二日游。这位同学后来在北京行医，我们两家经常来往，成了很要好的朋友。

我把1933到1938年这五年恋爱时期概括为甜甜蜜蜜的五年，在甜甜蜜蜜之中掺入一些酸味，也许就更显得甜蜜了吧。在我这方面虽然没有使邓懿感到疑虑的事情，但遇到过一些人为我提亲说媒。初入燕京时，我的姨母就曾想把我舅父的女儿说合给我。当时不懂什么近亲不婚的道理，但认为婚姻大事应当由自己选择，所以婉言谢绝了。在辅仁时，柯燕舲先生也曾想把湖北藏书家徐行可先生的女儿介绍给我，我也谢绝了。还在燕京国文专修班的时候，容庚先生曾想把他的得意弟子、一位比我高一班的女生介绍给我，先从侧面了解她的想法。这位女生表示，她将来非博士不嫁。后来她果然嫁给金陵大学的一位教授刘博士了。此事是多年以后朋友讲给我听，我才知道的。可是，周一良以后不也成为博士了吗？父亲对我的教育是非常保守的，可是在婚姻方面他却向来不加干涉，这样就省去了很多矛盾。

恋人之间不管如何相爱，总不免会有一些摩擦和误会。有一天晚上，我和邓懿在二院女生宿舍门口，因为有什么事情存在误会，没有能够澄清，可已经到了关门的时间，只好分手了。我那时忽然

（侯艺兵 提供）

《北洋画报》所刊天津名闺邓懿女士像

想起黄仲则的两句诗："如此星辰非昨夜，为谁风露立中宵。"于是就想试一试"风露立中宵"的滋味，在二院关门熄灯以后，仍在门口独自徘徊不去。后来校卫队来巡逻，觉得我可疑，经过一番盘问以后，就把我带回男生宿舍去了。

在燕京同学们的眼里，我和邓懿这一对恋人大概是很让人羡慕的。有一次，学生会在礼堂演京戏，其中有一出《群英会》，由政治系同学蔡国英扮演周瑜，经济系同学李公原扮演蒋干，当蒋干被周瑜逼得只好点头连声说"兵精粮足、兵精粮足"时，李公原的表情令人叫绝，不由得哄堂大笑。我和邓懿坐在前排，事后我的好友俞大纲给我写信，提到此事，说"足下'供奉内廷'，在前排'璧合仙

1993年，燕京研究院的导师们。左起：侯仁之、林孟熹、张芝联、王钟翰、周一良

1999年，在燕京大学校友会

姿’，令人艳羡”云云，这就是我们当时留给同学们的印象吧。

1935年夏，我从燕京毕业。那个暑假我没有回家，留在学校，和邓懿两人花前月下，尽情享受恋爱的甜蜜。1935年秋，我入燕京大学历史系的研究院，主要目的就是再待一年，等她毕业之后，再一起离开燕京。就在这一年冬天，我们在正昌饭店宴请师友，宣布订婚。

五　史语所：非常愉快的一年

1935年从燕京大学历史系毕业后，我在燕京领取哈佛燕京学社奖学金（年500元），作了研究生。当时燕京的制度是第一年按照两个颇长的书单自己阅读，学年终了举行笔试。中文书单包括《资治通鉴》等，西文书单有吉本的《罗马帝国衰亡史》等。我当时未作长久之计，认真读这些书。这一年的时间，大部分用于陪女友在诗一般的燕京校园共度花晨月夕。她当时是国文系四年级学生，在写毕业论文。我实际上在等待她毕业一同离校。

另一方面，这一年我在学术上却又有极大的收获，这就是偷听了陈寅恪先生讲魏晋南北朝史课，眼前放一异彩，使我佩服得五体投地，决心走他的道路。关于这一情况，我在别处已谈得很多，兹不赘述。1936年暑假中，忽然得到同学俞大纲自南京来信告诉我，经陈先生推荐，史语所聘请我去工作。原来他已向陈先生（历史组组长）介绍了我的情况，陈先生同意向所里推荐通过，他才通知我。接受陈先生指导和搞研究工作，这两个条件对我而言都是求之不得的，我当然极愿意去。女友当时刚考上清华大学中文系做研究生，

1937 年在南京

对我去南京也支持。我父亲与陈家关系很深，我祖父殁于南京，墓志即出于散原老人之手[①]。师曾先生是我父亲的老友，为他画过不少画，刻过不少印章。我父亲又与方恪先生是思益小学（柳诒徵留学日本归来，借用陈散原房舍开办的新式学校）时代的同学，莫逆之交，至老不渝。父亲听说是陈寅恪先生推荐并跟他工作，也很高兴。父亲怕我在南京人地生疏，让我带信给在南京的八姑父张佛昆，托他在我困难时给予资助，“以二百元为度”。

我对去南京又有一点顾虑，怕燕京的洪煨莲先生为燕京保存可能有用的力量，不同意我走。以前燕京搞明史的李晋华先生去史语所工作，洪先生曾为此大不高兴。俞大纲当已考虑至此，在信中赘了一句：“至于哈燕社奖学金、燕大硕士学位，我兄谅无所留恋也。”这话说得对，我当时对寅恪先生景仰之诚和追随之幸都远远在名利与学界派系考虑之上。凑巧当时暑假，洪先生不在学校，对我的决定未形成阻力。

南下前，我叮嘱女友，到清华后一定去听陈先生的课，并作详细笔记，以便我学习陈先生的最新研究成果。

赴南京前，到清华园西院谒见陈先生。他对我的情况似颇了解，未多垂询。说他作历史组长，也是遥领，参与决策，组中一切事务均由所长傅孟真先生处理。但研究工作中的问题由他负责，可以通信联系。

俞大纲先生到浦口相迎，共乘轮渡过江。黄而浊的扬子江水使我颇感失望。中央研究院在北极阁下，史语所占其中一座大楼。傅先生见到我表示欢迎后说：“请你来做助理员，但目前没有名额，暂

---

① 陈三立，字伯严，号散原，近代同光体诗派重要代表人物，“维新四公子”之一，陈寅恪之父。——编者注

时给你图书员名义，但做助理员工作，薪水同样80元一月，明年再改为助理员。”这些我都无意见。傅先生交代我的研究任务是魏晋南北朝史，并说，“将来写出文章，够水平就在集刊发表”。他没有命题作文，也没有给任何条条框框，更没有把文章和升级、提薪联系起来。因此我感到，史语所的研究工作是纯粹为学术而学术，不带任何一点功利主义，是完全自由研究。

我在燕京时写《魏收之史学》，对北朝史有所涉猎，因此现在计划从南朝着手，先读沈约《宋书》。我仍采用私塾办法，用朱笔点读。因为只有自己断句，才能理解得比较确切，而无遗漏。如果自己断不了句，必然是没懂，就迫使你思考。

史料多多益善，越完备越好，才便于比较，去伪存真。在索引工作很不完备，更无计算机可言的年代，只有靠笨法子。我每逢人名就去查本传，逢地名就查地理志，逢官名就查职官志。关于重要时代和事件，我必然翻阅《资治通鉴》。宋代保存的魏晋南北朝史料比今天多，而司马温公断制有方，所叙多可信赖也。清人长于史料考证，读史必须利用。我读正史必同时检阅钱大昕《廿二史考异》、赵翼《廿二史札记》、王鸣盛《十七史商榷》。钱书考订最精，赵书融会贯通史事，王书稍差，亦不无用处。

在精读正史之外，我还涉猎一些有关时代的子部著作，如《世说新语》《异苑》《颜氏家训》等；集部著作，如《全上古三代秦汉三国六朝文》中有关部分；金石书，如《金石萃编》《八琼室金石补证》等。

总之，在史语所的这一年，我比较仔细地读了八书中《隋书》以外的7部，参阅了《南史》和《北史》，打下了较好的基础。

在广泛阅读史料过程中，自然遇到某些引起注意的现象。对这些现象进行比较、分析、综合、思考，得出所以如此的原因。再从其他未利用过的书中，有针对性地寻找补充证据，最后形成结论。一篇论文也就完成。我这一年中，写了4篇文章：《南朝境内的各种人及政府对待之政策》《领民酋长与六州都督》《论宇文周之种族》《评魏楷英译魏书释老志》。宇文周一文是根据傅先生启示，为之论证。书评不算所里工作，给了母校历史系的《史学年报》。另外两篇则是广泛自由阅读基础上水到渠成写出来的。南朝各种人一篇，人口的计算方式可能不妥，但关于南北人在政治、社会各方面地位之消长，以及少数民族问题，所论在当时却颇新鲜。关于溪人曾通函请教陈先生。陈先生喜欢用明信片。想到一点就寄一张明信片，有时我一天收到好几张。他说自己“胸无定见，殊可笑也”，实际反映陈先生思想之敏锐与活跃。后来陈先生在关于《魏书·司马叡传》江东民族条文章中，回忆当时研讨之乐，有一段颇富感情的话。我在美国，胡适之先生举以见示，我读后深为感动。领民酋长与六州都督，都是北朝史中习见之称而不得其解者，我的文章初次做了解释，遂成定论。

史语所的办公室，一间约有三十多平方米，几人合用，每人一书桌、一书架。平均占有的空间相当之大，各不相扰。记得我被安排的屋中，有劳干、李家瑞两先生和一位书记。单身宿舍比较简陋，先在蓝家庄，后迁成贤里，我一直与全汉昇先生同屋。宿舍内不好工作，所以我晚间仍去办公室。有一晚我正在读法文，傅先生进来，说：“你将来还可以学点德文，以便看兰克和莫姆森的原著。”我当时想，这谈何容易！以后在哈佛为拿学位，学了德文，突击过关，后来不用，也就还给老师了。

所里有早晨签到的制度，考古组有一位青年名刘曜，总是蓬松头发，常常与我先后签到，相视一笑。他的姓名引起我的注意，此人即后来的尹达。所中不定期由各组举办报告会，有一次会上讨论中，傅先生对张政烺说："你是最 critical 的，你对这问题怎么看？"可见傅先生对所中每人的业务情况是胸中有数的。有一次陈先生来南京开会，在所里与大家座谈。结束时傅先生对大家说，"陈先生不能在京久留，因为陈太太将要生儿子。"可惜傅先生善颂善祷的"吉言"未能实现。我还在全院大会上听过俞大维报告绥远抗战情况。哈佛大学学哲学的博士，竟成为全身武装的兵工署长，我想是效法他的外曾祖曾国藩既能治学又能治军吧。

当时所里除历史组同仁外，与语言组的丁声树、周祖谟两位较熟，后来也都留在北京。我曾请教丁公京剧中尖团字问题。他说他的家乡河南方言里就有此区别，举出许多例证见告。我也从而悟出日语汉字读音中也区分得很清楚。如弓箭之箭与宝剑之剑、白雪之雪与红血之血。关于文字音韵方面，常常请教周祖谟。前几年研究日本新井白石，关于他所参考的明末清初字书的评价，都是得之于周公的。

史语所这一年中社交活动不多。傅先生曾邀我到家便饭，向傅老太太介绍说："他的祖上在咱们山东做过大官。"所外史学界朋友只有陈沅远。他是燕京研究院毕业，以论文《唐代驿制考》知名，当时在水利部门工作，仍做些研究。我经常从所里替他借书，如《册府元龟》等。燕京 1935 年毕业班在南京约四五人，亦曾聚会。其中经济系的黄晟乃黄秋岳之子，抗战开始不久即以出卖军事情报，父子同处极刑。此外德国卫礼贤教授的儿子任国民政府顾问，其母也在南京，我曾去访问她。德国老太太看见二十多年前自己哺育过的中国婴儿长大成人，异常高兴，相聚甚欢。她在所写卫礼贤的传记中记了此事。在南京见到的家里人，只有炜良新从德国回来，在中央大学教书。我和他只在南京见过一面，以后同在美国，只是通过电话联系了。还有八姑母家的张崇姜表妹和二龙表弟有来往。最后一次见到崇姜是她生小孩后我到医院去探望，碰巧护士抱婴儿来哺乳。这个婴儿四十余年后在北京见面，已经是北京市社科院吕恢文副院长了。

1937年夏，我回天津探亲。抗战爆发，史语所内迁，我滞留天津租界家中，准备结婚后去内地。后有赴美机会，改变计划。

我在史语所办公室的藏书，由于傅先生的关怀，与所里藏书一起南运，在李庄曾起作用。周法高先生就曾利用过周乙量批注的《颜氏家训》。我的藏书和所中藏书一起复原到南京，后来又寄到北京。这件事使我非常感动。1946年，傅先生又有信给我，约我回所任历史组长。我已与燕京有约，当然不能应命了。

1948 年，清华胜因院 22 号门前

六 结婚生子

1936年夏，邓懿从燕京大学毕业，她与我一样，因为品学兼优，也被选为斐陶斐学会的荣誉会员。当时我们曾在司徒雷登家照过相，这张照片后来在“文革”中成为亲美的罪证。

我对邓懿所学的专业中国文学很感兴趣，她写的毕业论文是纳兰性德词，而我也很喜欢读《纳兰词》。现在她手边还保存着一张纸条，是我用毛笔写给她的短笺：

《宋名家词选》奉缴，曾略读之，误字颇多，惜未能一一勘出也。书中犹存牡丹一瓣，良以买珠还椟，意有未安，特留此最艳丽者随书奉还，敬希詧纳。明早课毕望即至校门，一良当在彼恭候也。郭家晚饭如何？小萝晚佳。一良　八点半。

可见当时我们两人在这方面的共同兴趣。但从她那一方面来说呢，对我的历史专业可说是一点也不感兴趣，认为历史学枯燥无味。我这一生所写的东西，除了自传《毕竟是书生》以及我污蔑她是漏网右派的大字报外，恐怕她从来没有从头到尾地读过我的任何一篇学术论文。

结婚

当时我们印制了带有红叶标志的信纸和信封，所以弟妹们每看到邮差递来带有红叶标志的信封，就大嚷大叫地给我送来。这些红叶书信在邓懿去美国时都留在家里，珍珠港事变后日军进占英租界，怕惹麻烦，家里人就把这些红叶两地书都付之一炬了。如果保存下来，这篇杂忆之文可能更丰富一些。

1936年夏，邓懿考入清华大学中文系研究院，第二年春天到南京来看我，住在女青年会的宿舍里，我们在玄武湖畔，燕子矶头，流连了一个星期。我还记得当时南京冬天不生火，女青年会宿舍很冷，我给她买了一床5斤重的棉被。

1937年暑假，我回天津，恰逢抗战爆发，不久南京史语所内迁，我准备在天津结婚后自己到南方去。1938年4月3日，我们在天津结婚。当时北平、天津都已沦陷，但英租界、法租界等外国租界内未受影响。天津历史最悠久的饭店要算英租界的利顺德。是在八国联军侵华时期就有的。法租界的国民饭店建于20年代，是当时天津最大的饭店，号称可以举行数百人的大型宴会。我们是在国民饭店举行的婚礼。30年代的婚礼可以说是中西合璧，先在饭店里用西方方式举行，然后再回到家里按中国传统礼俗重来一遍。

西式婚礼中，证婚人是很重要的人物。本来想请傅增湘来证婚，因为他是当时文化学术界的头面人物，同时与周、邓两家都有渊源。但因平、津之间交通不便，所以改请了开滦矿务局的总经理孙章甫先生。孙是美国留学生，同时又是与我们有亲戚关系的前清学部大臣孙家鼐之孙，像他这样的身份，在当时半殖民地半封建社会里也是非常合适的头面人物。双方出席婚礼的家长，男方是我父亲，女方是邓懿的嫡出长兄邓宝名。他是一个甘守本分，缺乏进取心的烂好人，安心在父亲的庇荫下生活。父亲去世后，仍靠吃瓦片为生。据说他曾说过这样的话："如果大热天里，正阳门的地上有十块大洋，让我坐洋车去取，我都不愿去。"到了晚年，他由身为共产党员干部的儿子供养，所以我称他是"少年公子老封翁"。

除证婚人外，男女双方各有一位介绍人，其实这只是名义上的，"泰山情侣"的月老是东岳泰山嘛。此外还有伴郎和伴娘，伴郎是我的五弟杲良，伴娘是我的大妹珣良，现在都已去世了。另外还有一个小男孩和三个小女孩，小女孩的任务是在新娘的身后牵着委地的长纱，小男孩则负责在新娘的前面撒花。其中有一小女孩是我家邻

1938年4月3日，结婚仪式

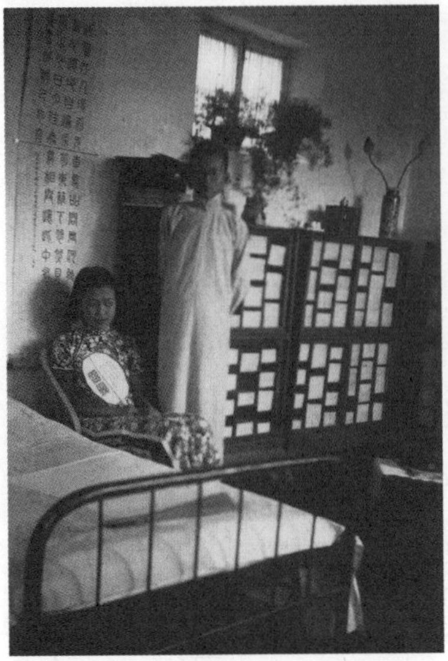

新房

新房一角

居书法家郑诵先先生的女儿，后来在北大历史系任党总支书记的郑必俊。

新郎和新娘的衣着都是西式的，新郎黑色礼服、白手套。新娘白色衣服，长纱委地。新娘手里拿的花束是自己设计的，用白色马蹄莲扎成。结婚前一天，我们到一家白俄经营的利佛西茨照相馆照了相。当时还准备了一个精美的小纪念册，由我十岁的小兄弟景良拿着，请来宾签名。这个纪念册后来的遭遇留待下面再说。

婚礼结束后，客人入席，而新郎、新娘回家。按照旧习俗，回到家门口时，男仆把住门不开，必须给赏钱才让新人入门。回家后，脱去西式服装，新郎换上长袍马褂，新娘上身穿花色短袄，下系红裙。两人先拜祖先，后拜父母，然后向来宾中的长辈行礼，完全把旧式婚礼重演一遍。新娘除嫁妆以外，还有陪嫁的保姆一人，新郎献给新娘的是一只钻石戒指，重 1 克拉，价 700 元。新房里挂的礼品，有傅增湘送的对联，还有顾羡季（随）先生写的一个条幅，上书 4 个大字“屏除丝竹”，另有几行小字：“余旧曾有联曰‘臣曰期期扶汉祚，将称艾艾渡阴平’，以赠萝庵女士与太初学兄。兹值吉日良辰未可录旧，更致新词，即博双粲。廿七年四月三日。”我的五弟杲良也用白话写了一首长诗，裱成横幅挂在新房里。桌上还陈列着同学们赠的礼品：谭其骧《中西回史日历》；邓嗣禹《居里夫人传》（英文）；侯仁之、张玮瑛《牛津诗选》（英文）等。

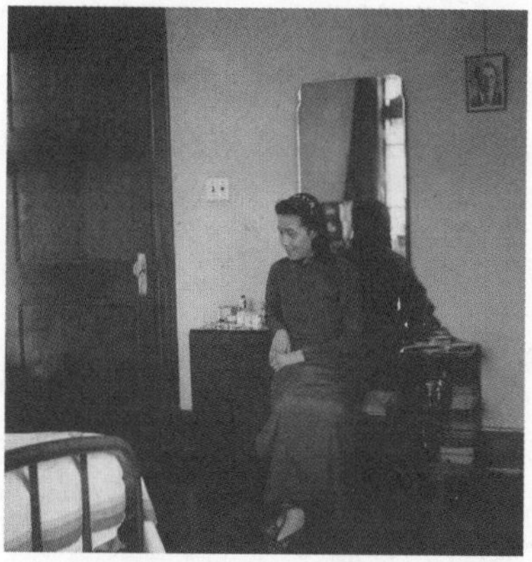

戴了一排红花，换了红衣红鞋，和墙上的DAD一心一意地过起年来，1940年2月8日，春节

说到顾随先生，我又想起一件事来。回燕京历史系以后，我曾选修过顾先生的诗选一课。这门课程的考试方式很别致，顾先生写出一首诗，让学生就这首诗谈自己的体会，加以评论。我的考卷侥幸得了优等，但是内容究竟说了些什么，现在一个字也想不起来了。不过这首五言绝句诗直到60年后，在我脑子里还记忆犹新：“淡淡长江水，悠悠远客情。落花相与恨，到地一无声。”至于是什么时代什么人的诗，一直不清楚。多年以后，从国文专修科的同学黄肃秋先生所编的绝句选里，才知道这是唐人的一首绝句。

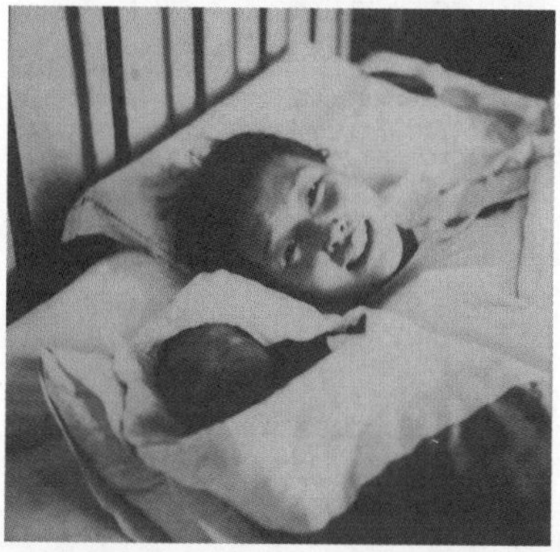

第一个小孩来了

太平洋战争以前的天津租界相当平静，因此我们婚后的生活是比较恬静安稳的。当时我在读有用书斋刊本《六朝文絜》上题写过这样一段话：

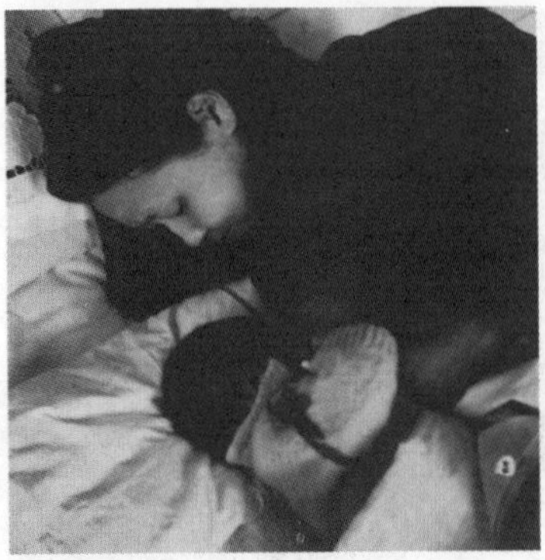
第一个小孩吃奶

此书刻印皆极精工，纸张亦好，殊为悦目。廿七年孟冬予以病后静养，不能治史，因取是册与室人萝厂共读之，期以能背诵而后已，亦怡养性情之一道也。惟予藏此书止存上卷，盖有赵中令半部《论语》治天下之意。十一月十二日灯下，一良识于泰华里寓庐屏除丝竹之室，时萝厂在侧，为予制无缝之天衣，炉火熊熊，一室皆春。

这段话基本上可以代表我那一时期的心境。当时我们的计划是，等1939年春天邓懿生了孩子以后，我再只身到内地去。在这期间，因在天津找不到工作，于是洪煨莲先生介绍我到北平去为哈佛大学的贾德讷（C.S.Gardner）教授工作，主要是为他阅读日本史学杂志。也就在这个时候，洪先生提出送我去哈佛留学，条件是回国以后到燕京服务。在30年代的北平，燕京大学与北大、清华鼎足而三，蜚声中外，无论从人才培养、学术贡献来讲，都不逊于别的学校，所以我觉得回燕京也很不错，并不比史语所差，于是就欣然接受了洪先生的条件。谁知14年后学习苏联的院系调整，燕京大学竟被肢解，我们这些燕京人都成了亡校之人。

1939年2月，长子启乾降生。邓懿是在家里生产的，所以我这个产父也能留在产房里。我站在产妇的头后边，按住她的双手，当婴儿呱呱落地，哭声响起时，我亲了一下产妇，表示我的敬意和慰问。1945年6月，次子启博在美国波士顿的妇产医院降生，我在家等候到深夜一点多钟，接生的大夫给我打来电话，说他给周太太接来了一个胖儿子。三子启锐1947年3月生在天津，那时我在北京，每两三周回津一次，所以启锐出生前后，我始终没有到医院里去过，邓懿后来一直引为遗憾。也许因为品种没有改变，所以重视不够，同时大概多少也有点失望的心情吧。

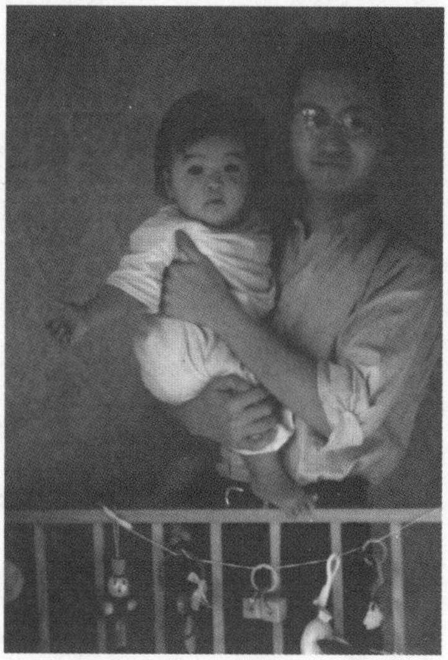
第二个孩子

邓懿很喜欢照相，启乾是头一个孩子，所以照的相也就格外多，在她们母子相处的两年半时间里，启乾的相片攒了一大本。启乾 1961 年从南开大学历史系毕业，考入北大做我的日本史研究生，因在“文革”中，没有写毕业论文就分配工作了。后赴日本留学，现在他已年逾花甲，从天津社科院日本研究所所长的任上退休。名父之子不容易当。他通俄文和日文，可以在日俄关系方面做些工作。希望他在日本史领域内能够跨灶，不过这还需要做出更多的努力。大儿媳郭蕴静，店员家庭出身。南开大学历史系毕业，已从天津社科院历史研究所研究员退休，专攻清代经济史。孙女晓丰，日本留学，任天津财贸管理干部学院副教授，有外曾孙一人。

1969 年，启博在东北部队锻炼

这里把其他几个孩子的情况一并作一交代。次子启博是按计划出生的。在美国没有保姆，什么都得父母自己干，所以花的时间和精力比较多。他茁壮胖大，美国母亲称他为“大黄油球”。他在中学文理科功课都好，性情实际倾向于文科，但在当时风气之下，他报考了清华大学无线电系，3 年级结束时“文革”开始，没能毕业。结果学无线电的大学生被派到东北去爬电线杆子，后来又调到工厂。“文革”结束后，他报考清华大学研究生，当时我正因梁效问题接受审查[①]，负责招生的人对他的政审问题感到很棘手，不敢录取他。当时，凡是梁效成员的子女即使入学考试成绩及格，也一律不予录取，只有 1 位是在武汉报名考试，得以混入北大。幸亏当时清华大学的负责人何东昌发了话：“你管他父亲干什么，只要看他本人表现就行了。”最终还是录取了他。启博后来又到美国西密歇根大学和布鲁克林理工学院学习，毕业时已经 40 岁了，也就没有再继续念学位。当初我父亲给他取名启博，是因为我在美国拿了博士，我当然希望他也“博”一下，但终因年龄太大，只好作罢，满足于担任工程师。我们 1946 年回国时，有人说可以把启博的出生证卖给当地华侨，能值好几千美元呢。我觉得很可笑，没有理睬这种建议。回国以后，据说如果每年到美国领事馆去注册，仍可保留他的美国国籍，但我们也没这样做，因为根本就没想让他当美国人。谁知道他 80 年代到美国留学时，出生于美国这

孙女小舟

① “梁效”是在批林批孔运动中，“北京大学、清华大学大批判组”的笔名，“梁效”即“两校”的谐音。——编者注

弄孙图

启锐下放在京郊顺义县陈坨，自己盖的小屋

启盈在黑龙江生产建设兵团

件事倒成了一个有利条件，帮了他不少忙。二儿媳周翠珍，贫农家庭出身，清华大学精密仪器系毕业，赴美后一直在隔音设备工厂任工程师。孙女小舟降生时，我60左右，家中已许久没有小孩，所以颇享受了含饴弄孙之乐，这可以算那几年酸甜苦辣中的甜的部分吧。她14岁赴美，语言不通，经过一段艰苦的努力，终于进入一个很好的中学，以后从常春藤6校之一的康乃尔大学毕业，在美任保险公司精算师。2000年秋，她和一个越南裔的美国同事黎王昇结了婚。

三子启锐喜欢画画，曾经从著名美术家李宗津教授学习，可惜他高中毕业时正逢文革，成了老三届，失去上大学的机会，结果到京郊顺义县插队。他在农村插队时，农村时兴悬挂大幅毛主席像，他就揽下这个活儿，一个村一个村地搭架子，画大幅的油画主席像，虽然没有丢下画笔，但对于美术画却没有多少帮助。后来调到工厂做江米条。当时大学吸收工农兵学员，他被厂里推荐到师范大学去学日语，家里都很高兴，因为这样他可以继承我的事业，但当时在“读书无用论”的影响之下，无论家人怎样动员，他也没有上学。最后从工厂调去西城区副食部门做团干部，相当负责。粉碎“四人帮”以后，理所当然地被撤职，并受到批判。他失去政治热情，放弃了团的工作，改行经商，现在是北京竹吉乐公司的总经理，从事水泥批发。在他高中的同班同学中，他还算是比较幸运的一个。启锐从小擅长品尝食品，鉴赏力很强，我们说他将来定会成为美食家，果然他后来很喜欢做菜，而且也很会做菜。三儿媳黄晓维，在清华大学通力公司工作。其父黄爱（雨石），人民文学出版社编审、著名翻译家。母亲彭光玉，清华附小模范教师。孙周展，北京理工大学计算机系二年级学生。

我们教育儿童从来不用体罚，但也有两次例外。一次是启博六七岁时，倚仗他身体强壮，把小他两岁而身体弱小的启锐按在床上，我把启博揪过来打了一通。另一次是启锐从她妈妈的钱包里拿了十块钱，和同院住的蒙古专家的孩子到燕东园门口一个卖玩具的摊子上买了十块钱的玩具。我们发现后，逼着他把玩具全部退回，当然也免不了一顿打。

1953年冬，女儿启盈出生，算是酸甜苦辣中最甜的一件事，属于感情喜怒哀乐中的喜与乐部分吧。因为改变了品种，有耳目一新之感，而且孩子又聪明可爱，更增加了全家欢乐的气氛。当时与我一起在北大民盟支部工作的陈阅增同志也刚生了一个女儿，他表示“如果品种一样，就没有必要了”。我们两人可谓人同此心。启盈因为跟三个哥哥一起长大，所以性情习惯都和男孩子比较接近。“文化大革命”开始时，她小学刚毕业，和一帮小女孩跟随在大学生哥哥们的后面，一起反对“老佛爷”。她体力也很健壮，一般力气活都不在话下。在大人睡午觉的期间，她曾一人独力把燕东园住宅里约占半间厨房面积的大灶拆掉。她1969年初中毕业后便去了黑龙江生产建设兵团。1974年，作为工农兵学员被选拔到北京师院体育系学习，毕业后分配到门头沟矿上学校教书。1978年，考进北京体院的研究生班。1981年以后，担任体院英语教师。1983年，到加拿大渥太华大学学习儿童发展专业，获得硕士学位。1985年回国后，在中国儿童发展中心从事科研工作。她认为那里的领导守旧拘泥，不敢创新，事业没有什么发展，于是1988年又去美国，经过端盘子、当舍监等

女婿李安宁（中）当过煤矿工人

等，一边工作，一边学习，在佐治亚大学读儿童心理专业，并于1994年获得博士学位。从94年至今，一直担任电脑程序师和分析师。婿李安宁，其父清华旧制留美，哈佛大学毕业，任职贸易促进会。李安宁先在门头沟煤矿做矿工，后提为矿上学校教员，又改任《煤炭报》记者，1989年6月9日赴美，经过打工及学习，现在亦担任电脑程序师。外孙李思萌到美国读小学，刻苦用功，全面发展，他由初中转入另一学校高中，三年之内由全班的第25名跃居为毕业

与女儿、孙女在体育学院游泳池（周一良到75岁才停止游泳）

时的第 2 名，也在 1999 年秋进入了康乃尔大学。

周启盈是周家第三代获得外国博士学位的女性，第一代是我的九叔祖的女儿仲铮二姑（法国巴黎大学政治学）；第二代是我的二妹与良（美国芝加哥大学生物学，南开大学教授）。仲铮与德国人克本结婚，在德国以卖画为生。克本博士以有限的财力为北京图书馆购置了大量德国书籍，仲铮也有著述，促进了中德友好关系，他们夫妇死后都归葬中国。

1941 年，哈佛大学图书馆前。左起：杨莲生、任华、雷乐民、周一良

七　哈佛生活

关于我在哈佛7年的情况，《毕竟是书生》一书中已有叙述，这里只补充几点。

在哈佛的导师叶理绥教授（日本译名英利世夫，1889—1975），是一个很有意思的人。他1908—1914年在日本学习，毕业于当时东京帝国大学的文学部，日本的《广辞苑》等辞典中，都有关于他的辞条。他的家族是莫斯科有名的一家大食品店的东家，十月革命后归化法国。哈佛—燕京学社成立时，由法国汉学家伯希和推荐他担任了哈佛—燕京学社的主任，远东语文系的主任（后改名为远东文化语言系）。他生性诙谐，爱开玩笑，后来在美国西部的一位美国

叶理绥（英利世夫）教授

剑桥麦伦街33号斗室中苦攻梵文

1941 年赴美途中，太平洋上

女教授跟我说，叶理绥教授就喜欢说一些“dirty jokes”（猥亵的笑话）。但是，他也有严肃的一面，对于我，就起过很好的作用。我在国内旧日的私塾里读书时，喜欢在书上圈圈点点，随意批写，到燕京以后，旧习未改，对燕京图书馆的公家的书亦复如此。我写毕业论文《大日本史之史学》时，在那一部每日新闻社出版的铅印本《大日本史》上，画了很多道道。到哈佛后，旧习仍未改掉，从叶理绥教授读日本古典文学时，又在图书馆的书上随

哈佛诸“公”在赵先生家门口。前排左起：邓懿、胡适先生，赵太太（杨步伟），赵元任先生；中排：叶逸芬、赵新娜、周一良；后排：严仁赓、吴保安、张培刚、杨联陞

美国陆军特别训练班中文班毕业典礼，中为赵元任先生及其女儿，右一为邓懿

意批画，叶理绥教授看到后，正颜厉色，但又很诚恳地对我讲，公家的书不能这样子随意涂抹，毁坏公物。他的一番话给我很深的印象，从此以后，几十年来绝未再在公家图书上勾画过，且常常以此告诫学生。同时也常常想到，燕京图书馆那一套《大日本史》上我的缺乏公德的痕迹，永远让我感到惭愧。

说到《大日本史》，还想补充一点以前没有谈到的。这篇论文的题目是导师洪煨莲先生指定的，看来他当时是准备培养我成为燕京大学所缺的日本文史方面的教师。他并未做任何具体指导，我也确实花了不少气力，以中国旧史学的标准衡量此书，指出优缺点，后来看到加藤繁教授的《日本史学史》提及此文，大段征引了我称赞此书长处的地方，关于我的批评部分却略而不谈。我当时对这篇论文题目的意义认识很不够，同学中如谭其骧先生也说过，“你花那么多的精力搞这本书，太不值得”。现在看来，这篇文章是中国学者研究并评论日本重要历史著作的第一篇文章，而且引起了日本学者的注意与重视，不宜妄自菲薄。

1998 年王岷源探病。60 年交情之老友于 2000 年 5 月不幸去世矣

1982 年，在哈佛大学中国留学生送的石碑前

我在哈佛大学的博士论文题目没有做日本史，而是做了中印关系方面的题目，意在走陈先生的道路。当时自己定名为《唐代印度来华密宗三僧考》，意思是想利用印度方面的史料补充赞宁《宋高僧传》之不足，而论文的英文名却是按照哈佛中文教授美国人 WARE（魏鲁男）定为“Tantrism in China”（《中国密宗》）这样一个更加堂皇的名称。可惜印度史料保存太少，对于赞宁的书未能多加补充，但此文究竟提供了一些密宗早期发展的材料，所以西方学者很重视，有人所拟佛教密宗参考书中，此文列为必读。而我回国后因与西方学界完全隔绝，竟然不知此文在西方所起作用；在国内，此文发表 50 年后，到 90 年代才由钱文忠同志译成中文。

36 年以后又回到哈佛大学校园内大学楼铜像下

我到哈佛两年以后，邓懿也于 1941 年夏由父亲资助 200 元旅费来到美国，先在哈佛女校法文系读了一学期，因学费没有着落而辍学。为了补助生活，到远东语文系中日文图书馆工作，同时协助柯立夫教授教一点中文。1941 年秋，美国政府为了对日战争的需要，在几所主要的原有中文和日文课的大学里设立了“陆军特别训练班”，分别开设陆军士兵的中文和日文班。哈佛的日文班由叶理绥教授主持，由一位美籍日裔和一位美日混血的美国人以及我三人协助，暂时停止了学习。中文班由赵元任先生主持，找了一批说北京话的中国学生协助，邓懿也在其中，由赵先生讲大课，包括课文、语法等，再分小班分别训练。赵先生非常注重语音的纯正，例如，“老虎”二字作为一个词的时候，北京发音就是“(牢)虎”。邓懿说的是纯粹的北京话，成为赵先生在语音方面的得力助手。她也在作赵先生助手的过程中，从赵先生学了不少汉语语音、语法的知识，为她以后回国教外国学生汉语打下了良好的基础。我们的好友杨联陞先生对于语法颇有研究，因此，他成为赵先生语法方面的重要顾问，以后并与赵先生合编过字典。

邓懿初去头两年，我们住在汉盟街58号房东老太太出租给学生住的房间，白天屋内摆放的沙发，晚上就铺开当床。这间房还附带有一个只容一人站立的小小的厨房。当时哈佛大学中国学生带家眷的极少，因此有家属的同学自然而然地有义务招待同学到家里吃中国便饭。如果有中国同学新到哈佛，我们通常都欢迎他们来。其中有的同学光临过一次以后就没再见过面，如后来在社科院哲学所工作的温锡增先生、给周总理当过翻译的浦寿昌先生兄弟等等。

1982年，阔别36年后在哈佛燕京学社新址

50年后邓懿与老友关淑庄重聚

1943年秋天以后，邓懿到美国陆军中国语文训练班工作，经济条件得到改善，我们就迁入哈佛街333号，一个犹太房东三室一厅的公寓，每月

1940年初访耶鲁大学，与王岷源合影

房租60元，恰为我月薪的四分之一。地方宽敞了，约请同学来家里聚会的次数与人数都比过去多了。经常到我们家里来聚会的有以下这些人（姓名后面的单位是回国服务的学校）：任华（清华大学）、杨联陞（未回国）、王岷源（北京大学）、吴保安（武汉大学）、关淑庄（社科院经济所）、张培刚（武汉大学）、冯秉铨（岭南大学）、高振衡（南开大学）、陈梁生（清华大学）、施于民（未回国）、赵理海（武汉大学）、李惠林（东吴大学）、王伊同（未回国）、蒙思明（华西大学），以后还有中央研究院的丁声树（史语所）、全汉昇（史语所）、梁方仲（经济所）。通过我们的招待，那些“独在异乡为异客”的单身同学得以慰其思乡之情。

每次请客，我都起个大早，到波士顿中国城去采购一些中国菜所需要的原料，比如说豆腐、竹笋之类的。买回来后由邓懿下厨操作。记得我们最常做的菜，首先是牛肉汤，我们曾自诩为“此汤只应周家有，人间哪得几回尝”。还有邓懿从天津家里一位扬州老汪师傅那里学来的一道菜——狮子头，这是扬州的名菜，据说周总理也擅长。这道菜的特点是，肉馅里加一些豆腐，不是用手捏肉丸子，而用两个手掌来回抛掷，这样做出来的肉丸子就松软可口，别有风味。还有一道菜，是从剑桥中央区买来的半成品，一种烤好的小饼，上面带盖，把煮好的鸡肉和鸡蛋弄碎放到里面做馅，这是一道很特别的外国风味菜。多年以后，在海外遇见哈佛老友关淑庄，她还记得邓懿给她做红烧肉“解馋”。

1989 年在杨联陞家吃龙虾

哈佛经济系同学张培刚，博士论文题目是《农业与工业化》，得到最佳博士论文奖，现在武汉华中理工大学工作。最近曾给我们来信，回忆起当时在哈佛周家欢聚的情况，信中说：

在波士顿附近的“为你不杀鸡”湖边过暑假

兄姊贤伉俪当年在哈佛同窗期间对弟等（包括联陞、于廑兄）的深厚情谊①。我记得那时差不多每年暑假，贤伉俪必邀约弟等欢聚一次，美酒佳肴，高谈阔论，如此者二三回。我还记得早先一次是在汉盟街 58 号，后来二次是在哈佛街 333 号。我在《选集》中的这个补充说明，写于 1997 年。我只隐约记得我们的这几次聚会，似乎都是为了我们几位同庚庆祝生日。实际上我只知道于廑兄和我都是出生于 1913 年，他四月、我七月，但一直不知兄姊和联陞兄之确切寿辰。文中记述我“想当然地”认为一良兄长我一岁，邓懿姊小我一岁，故称之为“平均同庚”，真可说是又一大“创见”！今读大作（指《毕竟是书生》），始知一良兄只大我半岁。可见当时的“想当然”，亦“八九不离十”。只是对联陞兄则估计过高，浮夸一岁了。现在回首当年，这样的欢畅日子，今后恐怕只有永远在回忆中寻找

① 于廑，吴保安（字于廑），回国后以字行。

英国移民船“五月花”到达的口岸普利茅斯

了。(写于 1999 年 4 月 17—21 日)

这些当时意气风发的青年各有一套回国后干一番事业的想法，而回国以后绝大多数没有能很好地发挥作用，这是我们在哈佛时意想不到的。例如，华南工学院的冯秉铨教授在无线电方面有很深的造诣，在教学、研究、培养青年教师、编写教材等方面表现都很突出，群众极为爱戴，只是因为说了一句“运动之风何时去，读书之风何日来？”就被打成右派，多年靠边站。文化

哈佛同学游本校植物园。左起：任华、严仁赓、戴振铎、吴保安、陈安励、叶逸芬、邓懿、施于民

革命中，又遭受不少折磨，听说外调时让他交代认识的人，他一口气写了 740 人的名字，可见他有惊人的记忆力。幸亏三十多年后右派得到改正，作为华南工学院的院长，又作出了不少贡献。再如张培刚同志，他在哈佛的论文所指出的中国工业化的方向，与党的方针完全符合，却未受任何重视，反受到打击，开除出党。改革开放以后，他的论文才翻成中文，得到承认。关淑庄同志，经济学方面有一些新的想法，回国以后在社科院经济所却受到批判，而美国某些经济学家同样用她这些想法，在理论和实践上都取得了很大成就。丁声树同志，没有随傅斯年的史语所离开大陆，忠心耿耿地坚守岗位，入了党。他要求自己非常严格，身为一级研究员，却拒绝房屋等等一切较好待遇。最后得病成了植物人，近十年之久，不但他专长的方言调查未能完成，他扎实的古汉语方面的成就也丝毫没有留下。赵理海同志 1944 年与我同在哈佛获博士学位，他专攻国际法。我的以拉丁文写在羊皮纸上的博士证书，在“文革”中自己销毁了。他的证书怎样了，我不知道。他一直默默无闻，在文化大革命后期清理阶级队伍时被逼得作假交代，承认自己是蒋帮留在大陆的潜藏特务，由张道藩当面交给每日“剪贴人民日报”的任务，这样就顺利过关。直到 90 年代，国际法庭需要兼通英、法语的国际法官，中国法律干部中无人可派，只好派年已七旬有余的赵理海教授去担当。他工作出色，受到国际上同事们的赞扬。因国内国外奔波劳碌，2000 年刚从德国执行任务回国五天，就因心脏病突发去世。哈佛同学蒙思明教授，回国在四川大学任职，“文革”中被逼惨死。其他如陈振汉、梁方仲等同志，无不受到迫害，类似的不再例举。从哈佛归国的同学如此，其他美国学校回来的知识分子情况亦颇类似，这里就不多谈了。

我们于 1946 年回国。当时抗战刚刚结束，中美之间的交通运

和美国邻居的小孩在一起

输都掌握在美军手里。我们在剑桥虽然归心似箭，“漫卷诗书喜欲狂”，但因船只都用于运兵复员，等了许久才动身。中间经过密西根大学，在邓懿的老同学康金梅家中住了约一星期，经过芝加哥来到旧金山。谁知仍然没有船位，只好再等，到10月份才真正上了一只兵船“野猫号”，驶向离别将近八年的祖国。船上除美国兵以外，有不少中国学生，记得那年的双十节就是在“野猫号”上度过的，还听了成都燕大校长梅贻宝先生的讲话。这艘船不是普通客轮，男女分开。邓懿已经怀了第三个孩子，整天只能躺在妇女舱中。次子启博刚过一岁，我得用带子牵着他满船上下地跑来跑去，颇感疲惫。到上海后，幸亏老友俞大纲先生与招商局有联系，较快搞到北上的船位，于是与陈寅恪先生全家同船回到天津。

国民党刚刚接收的平津一带，当然远远不是我们在美国时所想象的那样好。为了给启锐买奶粉，把一些洋书甚至写字的派克自来水笔都卖掉了。

1948年4月3日，我们为纪念锡婚，居然特意到当时专门出租新郎、新娘服装的紫房子去，穿上新人服装合了一张影。但是到58年适逢大跃进，68年“文革”已开始，我被揪斗到太平庄去劳动，78年我正因“梁效”的问题受审查，都不可能有什么纪念活动，更谈不到粉墨登场照这种相了。

大概是在1948年12月10日左右，解放军已逼近西郊，国民党军节节败退，形势比较紧张，那一天我进城去办事，陈寅恪先生托我到胡适之先生那里去看看，打听打听情况。因为当时情况比较紧张，我跟邓懿说好，当天白天一定回来。谁知到城里去见胡适之先生时，胡先生正在会客，只见到他的秘书邓广铭先生，也不得要领。等我乘末班车回到家里时，天已经全黑了，邓懿非常着急，质问我为何这么晚才回来，说着说着就一巴掌打将过来，当时我顾不上解释，赶紧吃饭，准备去向陈先生报告情况。这是我在“文革”以前所受到的惟一的一次体罚。

为了躲避炮火，学校让住在校外的老师晚上全家都到图书馆地下室去过夜，紧接着清华园就解放了，我左颊挨的这一巴掌也就没有下文。在接下来的相当长时期的混乱之中，也就不再提起这件事。也许这就是以后风风雨雨30年的一个预兆吧。

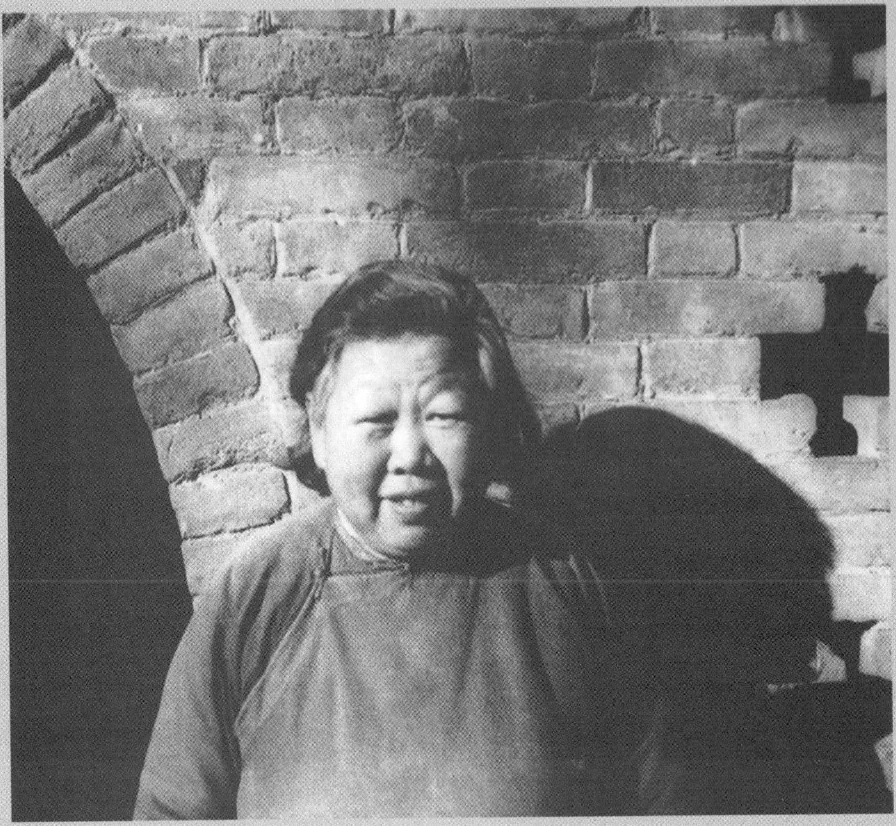

在我们家工作了近二十年的“胖子”于淑萍

八 奉养岳母

“九点半”时，我曾对邓懿保证，将来照顾她的母亲，事实上我确是这么做了。岳母因岳父突然去世，受到很深的刺激，因此神经上出了毛病，大概是一种神经分裂症，而且越来越严重。在抗战八年中，他们孤儿寡母，坐吃山空，瓦片越来越少。等到 1946 年我们回国之时，他们家已经很困难了。此后不久，惟一留在北京的小儿子又被下放到北大荒，她一个人住在城里，几乎无法生活。我们回来后，1947 年在清华有了房子，于是就把她接到清华来住。她的病每隔一段时间就要犯一次，犯病时常常几夜不睡，嘴里念念有词，有时破口大骂，扰得四邻不安。我的原则是，当她正常的时候，我对她以礼相待；当她犯病时，我就把她当病人对待，一概不予理睬。每次犯病，闹到十天或两个星期左右，慢慢地也就好了。她经常吵着要去找小儿子，有一次小儿子费了很大的事，把她接到北大荒，那里的居住、饮食条件当然要比北京差得多，她在那里很不习惯，住了不久又回到北京。从北大荒回来以后，又因病折断了一条腿，一只小脚不能拄双拐，于是只好“坐地日行三万里”，幸亏我们家有一个保姆可以帮帮忙，大小便都得用便盆往厕所搬运，我有时也帮她倒便盆。

谈到保姆，这里附带提一下。我们家对待保姆的态度是，人格上平等相待，待遇工资上宽厚一些，说到底，仍然是忠恕之道。例如，自1946年回国以后，我们家的保姆凡经过试用合格的，其离去都是因为她们自己的某种原因，而不是我们主动辞去她们。特别应该提到的，是在我们家工作了近20年的“胖子”于淑萍。她出身贫农，按所谓“阶级路线”是大可恃自己“依靠对象”的身份傲视我这种资产阶级出身知识分子的，但她对所有极左政策的反应都是逆其道而行之。她讲过八路军进占她所住农村时，召集村民作冗长训话，村民不耐而鼓噪欲散，八路军干部怒喝：“你们躲到哪儿也出不了毛家大院！”她没有文化，仅凭朴素的人性判断是非，反而比被“再教育”搞糊涂了的知识分子更容易达到符合事实的结论。对每一个新出的极左政策、口号和人物事件，她总是先于我家每个人表示反对和鄙视，而时间总证明她是对的。我的孩子们与她关系良好，儿子出国后给她写信，她也请人代笔回信。儿子回国时也去看她。她与我老伴儿同庚，丈夫是电工，早已死去，有两个男孩，小的给了人，她跟大孩子相依为命。“胖子”为人心直口快，工作认真负责。我老伴儿去江西劳动期间，年老残废而又有神经病的岳母，亏得她照顾。日常生活、生病、丧葬等等，都由“胖子”一手照料。文化大革命期间，红卫兵小将让保姆们对主人吐苦水，有的保姆剪了女主人的头发，有的无端造谣，如此等等。“胖子”却一言不发，说没的可说。当时红卫兵强迫她们回家，让每家主人出几百元钱。红卫兵散去后，她们就又回来了。“胖子”对这事儿始终深表歉意。她知道我们不会做饭，所以在将近20年当中，每年她都是除夕晚上包好饺子以后才回家，大年初一的中午必定赶回来给我们做午饭。这在保姆中是很少有的事，我非常感动。“胖子”后来中风，回家休养，我们有时去看望她。1989年我们出国探亲之前想去看看她，快到她家的时候，在路上碰见邻居，才知道“胖子”已在两周之前去世了。她的儿子因考虑到我们岁数大了，所以没有通知我们。“胖子”永远活在我们心中。

“文革”中，我们夫妇的工资都被扣发，每人只发12.5元的月生活费，家属每人11.5元，但孩子们还是想方设法地让外婆生活得好一点，比如说买牛油来煮土豆、胡萝卜，美其名曰没有牛肉的“古利亚什”（俄文“土豆烧牛肉”之意）。还经常买猪的大棒骨，打碎煮骨髓汤、熬小白菜，然后将骨头晾干卖给收废品的，五六分钱一斤。我的绝大多数的弟妹们都不顾“老佛爷”的凶恶气焰和红卫兵的野蛮行动，偷偷地用各种方式接济了我的孩子们。

30年来，我与岳母和平共处，只有一次与她大吵一场。大约是在1950年左右，有一天我从学校回到胜因院家里，见外婆坐在饭厅里靠墙的长藤椅上，3岁的启锐站在藤椅上她的身旁，手里拿着从墙上撕下来的一张条幅，外婆笑嘻嘻地看着孩子，墙上的另外3张条幅也已经撕坏了，扔在地上。这四幅条幅原来是先叔季木先生所藏的晋代石尠、石定墓志的精拓本，裱得也很小巧精致；另外，由于在我比较满意的一篇文章《乞活考》里使用了这个墓志的材料，所以对它很有感情，特地挂在墙上。3岁的孩子当然不懂事，但是外婆不但不加制止，反而笑嘻嘻地看着孩子毁坏东西，我不免和外婆大吵一场，这是我们之间惟一的一次冲突。

被撕破的那几张条幅现在还躺在书箱里，而当时3岁的孩子现在已成为中年人了。1988年以后，我们4个孩子中惟有启锐留在北京，因此照顾我们晚年的责任就完全落在他的肩上。有时候，一个星期中一半以上时间都用在联系医院、探望病人、送吃食、买药品、报销药费等等事情上面，我一生病，吃喝拉撒睡，差不多全包在他一人身上。父母在家用开塞露通便，也一概由他负责。我曾经说，古人有所谓二十四孝，启锐可以算是第二十五孝了[①]。

这里可以看出，由宗法社会蜕变而来的中国家庭制度还是百善孝为先，与西方的小家庭制度迥然不同。在今天的中国，父母年老以后，总会有一个儿子或女儿和他们同居，加以照顾。而在西方各国，子女结婚以后绝少再与父母住在一起，父母年老体弱以后也从不改变这种方式。中国学生久居美国后，也都习惯于美国这种制度。例如，杨联陞先生的夫人和王伊同先生都已 80 开外，仍然一人常年住在自己的大房子里。杨太太有严重的心脏病，身上挂着一个急救的报警器，当她躺在地上不能动弹时，身上这个报警器就会通知急救站派车来救她。

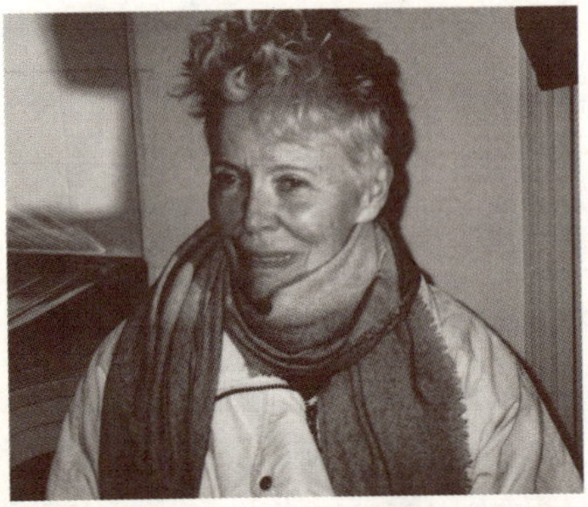

1962 年在加纳认识的英国女画家马尔司夫人，通信近四十年。次子启博近年出差英国，拍得此照

独自住在一所很大的花园洋房里的王先生，前些年还一个人开几天的汽车去中西部他儿子和女儿的家里过圣诞节。现在开不动车，儿女就在圣诞期间到他这里来住一两个礼拜，团聚数周之后到下次圣诞再来。邓懿挚友陶葆柽（任之恭教授的夫人）在任先生去世以后，他们的 4 个已经成家的女儿分住美国各地，却无一人“迎养”。老人卖掉华盛顿的大房子，住进养老院。当然，也有极个别的中国家庭，遵行中国旧习，如成都燕京大学校长梅贻宝先生夫妇，就始终和儿子住在一起，这是极为个别的例子，也许这是陈寅恪先生所谓教会大学犹有古风吧。60 年代访

① 关于二十四孝的起源，见《中国典籍与文化》1998 年第 1 期赵超论文。

问加纳时与英国女画家 Jo Marles 夫人相识，40 年来联系不断，每年通信一二次。她喜欢李可染的作品，我曾给她寄过。她也曾索取周启锐的画给予评论指点。90 年代末周启博从美国到英国出差，才见到我称为 Whimsical 的这位夫人（60 年代她在加纳街头写生民俗，本地人飨她以一杯啤酒，她与我共饮此杯，当时西方妇女甚少这样做的，所以我称她古怪）。她已从 34 岁的盛年变成 74 岁老妪，我也从 48 岁的壮年变成 88 岁米寿老人了。前几年她在电话中告诉我她将到女儿家住一段，因为女儿、女婿外出旅游，她要去给他们喂猫。我问她何不与女儿、女婿一同旅游？她纵声大笑，说，哪有带着岳母旅游的道理，这就是中西文化的不同。至于近几年美籍华人迎养父母到美国去同住，这多数主要是为了找老人去看孩子，与上述情况又有所区别。

1947 年，与夫人、三个儿子在天津桂林路周氏寓所

九 风风雨雨

1948年以后的30年中，酸甜苦辣喜怒哀乐经历了不少，前后变化也很大。从政治上讲，我开始既悔且恨，悔的是当初没有参加革命，也未去后方，而是跑到当时号称天堂的美国去读书；恨的是自己出身剥削阶级。在这些压力之下，我决心改造自己，力求进步，这也是当时一般知识分子的共同情况。当时确实一心一意跟着党走，力求做到党指向哪里就打向哪里。自己对于马克思主义的道理并不太懂，也未深究过，这样经过多次运动，直到史无前例的“文化大革命”。回顾自己在极左路线的指引和造神运动的笼罩之下，过去自己认为甜的却应该是苦辣的，过去认为可喜可乐的事今天看来不免可哀可悲了。

新中国成立后，1950年我在清华第一次参加党领导的政治运动——反贪污、反浪费、反官僚主义的三反运动，当时很天真，觉得自己与运动沾不上边，冥思苦想，曾有一桩小事迹近贪污。1941年珍珠港事变后，哈佛大学的日本留学生都被迫离校。有一天我在哈佛燕京图书馆的书库中，看到大批从日本留学生那里没收来的书

8 年离乱之后，1947 年的全家福。兄弟姐妹 10 人中，缺杲良（在美国）、珣良（在解放区）、儿媳 3 人，孙男女共 7 人

籍。其中有一部仁井田陞编的《唐令拾遗》，是一部很难得的书，我很想要，于是问图书馆日文部的负责人，我可否花钱买下这部书。他很为难，因为这些书籍身份未定，无法出售，他说："你要，就拿去吧。"我于是拿了这本书，又给这位馆员照了一张相作为报答。在运动中，我想这是非法据别人的东西为己有，应该算是一种贪污吧，于是坦白了此事，将书交出，给了清华历史系图书室。其实，运动的重点并不在此，就像其他一切运动一样，最后都归结到政治问题上去了。

1952 年院系调整是学习苏联的结果，学校对性质分得太细，课程的设置太多，过分注重讲授，学生没有多少自由思考的学习余地，在一边倒的思想指导之下，认为苏联制度一切都好，中国过去是学习英美的，都是资产阶级一套，应该彻底砸烂。我们并没有亲身到

1949年夏与家人合影于清华胜因院

苏联去考察体验过大学教育，仅仅依靠陈庆华同志翻译的苏联高校历史系教学大纲，就盲目地把苏联大学的课程设置、考试等等一切（如改笔试为口试）照搬过来。我自己作为积极分子还在旧燕京的大礼堂上做过典型发言，批判旧大学历史系课程的种种不合理，对苏联制度盲目地夸了一番，当时还自鸣得意，后来才认识到这种盲目一边倒的错误。院系调整中，还把旧日北平与清华、北大鼎足而三的燕京大学予以肢解消灭。当时作为燕京毕业生，在一心一意跟党走的指导思想下，竟没有发生一点疑问。我自己对于院系调整未提任何不同意见，许多其他教学科研骨干也未置一词，例如：社会学系吴文藻、林耀华、严景跃、雷洁琼；历史系邓之诚、翁独健、齐思和、侯仁之、王锺翰；中文系高名凯、谢冰心；英语系俞大絪、赵萝蕤；理科李汝祺、蔡镏生、陆志韦、胡经甫；少壮骨干夏自强、谢道渊、郑必俊、石幼珊等等。现在回顾起来，院系调整和取消燕京都是错误决定。近年来清华全面恢复被院系调整取消的文法科系，真是早知今日何必当初。

燕京大学虽然是教会大学，只有33年的历史，但在三四十年代蜚声中外。它的办学方针，主要是和蔡元培先生提倡的“兼容并包”一致的。它比清华、北大只多一个宗教学院，训练教会人才，但学生中教徒并不多，更不强迫学生相信宗教。近来有人研究旧中国的高等教育，充分肯定了燕京当时的作用，认为司徒雷登是一个教育家。

无论从人才培养、学术贡献来讲，燕京都不比别的学校逊色。当时一些优秀的中学毕业生，如林耀华、翁独健、瞿同祖、姚曾廙、叶笃义、吴世昌等，虽然有条件考上其他大学，却还是选择了燕京（如叶笃义就是既考上清华物理系，又考上燕京政治系），可见燕京自有它的特色，具有它独特的吸引力。1952年进行的院校调整，把已经收归国有并且任命了校长的燕京大学加以肢解，现在回想，真是非常痛心的事情。我回国后因为待遇不公，愤而离开燕京。如果事先知道燕京遭到这样的命运，我绝对不会离开。

1951年到四川眉山土改的北京同志

1936年和1947年我两次离开燕京，当时洪先生都不在学校，如果他在的话，肯定不会放我走。也许有人以为我是想攀“高枝”，到所谓国立的机构，其实不是那么回事，洪先生当然也了解我的想法，所以对我两次离开并无芥蒂。当他后来将藏书捐给民族学院时，曾把所藏砚台分赠各位同学，我也有一个。他还把我父亲送给他的《史通》嘱托王钟翰同志还给我，书中有他的题识。为留作纪念，我将此书捐给了北大图书馆善本部。洪先生对我的培养、提携和厚爱，我永远也不会忘记。遗憾的是，在我1946年离开美国以后，于1982年再访剑桥时，洪先生早已作古，不能畅谈，只好由杨联陞兄引导我去参谒他的故居了。

1971年，启锐迎接我拉练归来

1953年批判胡适。从我当时的地位及与胡适的关系来说，自然应当积极参加。也许由于我的阶级觉悟不高吧，参加批判时就想到日后可能还有与他见面的一天，至少地下还会相见。虽然当时领导认为他是罪大恶极，我却有所保留。当然，这些保留的意见并未公开。我一直认为胡先生在新文化运动当中的丰功伟绩不可磨灭。在提倡白话文、研究小说、中国哲学史、佛学研究等等方面，不但开了风气，而且身自为师。早期的学生如傅斯年、顾颉刚等，较晚的如罗尔纲、吴晗等，无不是在他的影响之下成长起来。他的“大胆假设，小心求证”这两句话可谓至理名言，能应用于一切学问。其次，我佩服他的道德，即为了不伤寡母之心而违心地与江冬秀结婚，终身不渝。前几年我才知道，他的美国女友始终没有结婚，而且两人通信不断，江冬秀也知道此事，实属难能可贵。第三是他自由主义的政治态度。虽然一度几乎进了中华民国的总统府，但未成事实。到台湾后，与雷震合办刊物。虽然他多少有点对不起雷震，但终究保持了他当年的气节。听说他去台湾当中央研究院的院长，也是怕中研院落入张其昀之流的手里。

对我个人来讲，他在美国时就有所垂青，约我回国到北大去教书。有人说这与我是他安徽同乡有关。回国以后，常常见面。我父亲并且赠书给他。因此，我当时对他的批判，只集中在一点上，就是他的历史观——历史如同一百个大钱随人摆布，或者像女孩子的脸任人涂抹打扮。我认为这种看法无论就人类历史发展的大趋势来说，或者就个别事件的发展来说，都是不妥当的。因此，援引马克思主义的道理，写了批判他历史观的文章，并作过报告。还有一篇《胡适与西洋汉学》，这是尹达同志出的题目，要把西洋汉学一概说

1961 年接待日本史学家。左起：刘大年、周一良、高桥一、侯外庐、三岛一、翦伯赞、夏鼐、尹达

成是为西方侵略势力服务。同时用八股文“截搭式”办法，把胡适与西洋汉学联系起来批判。其实，胡适与西洋汉学的关系并不深，文章也没有什么说服力。今天胡先生已经去世，我也没有机会去台湾参谒胡先生的墓地。如果能去，我当然还是要在他墓前深深致敬，并表示歉意。至于胡先生晚年对《水经注》的“研究”，无论是从方法论的示范来讲，或者从历史地理角度来说，我则都不敢赞同。当时进步学生给胡先生上了一个完全不符合的尊号“买办文人”。我在家信中也曾戏用此称，但并无恶意，说明我对胡先生的尊敬程度与对寅恪先生之五体投地，还是不一样的。1950 年我撰写《牟子理惑论时代考》一文时，对于是否把胡先生讨论问题的来信附在文后产生犹疑，但在《燕京学报》发表之际，学报主编齐思和老学长说，政治与学术应该分开，发表没有关系。1962 年我在出版《魏晋南北朝史论集》时主动把它删掉，迨至 80 年代出版自选集时才又收入。后来看到胡适遗集，他只是改为与“友人”论学书信，由此可见，我在极左路线影响之下的狭隘，与胡先生的宽厚对比，相去何其远也。

与翦伯赞在法国

1955 年的肃反运动，是肃清“暗藏”反革命的简称。我当时非党非团，当然不能参与其事。只知道历史系有一个很优秀的青年教师

1964 年，在加纳恩克鲁玛学院讲课后的赠书仪式

1973 年，参加中日友协代表团访日

坠楼自杀。那些被认为是“暗藏”反革命分子的学生，都处于监视看管之下，即使上厕所也有人在后面跟着他，看起来十分可笑。有的肃反对象后来在工作中仍然受到不公正待遇。历史系有一位这样的同学，就因为医疗不及时而丧命。当时肃反对象中，有一位比较年轻的同学，我到 90 年代在前燕京大学的刊物中才获悉他的历史。他是旧燕京大学新闻系一位进步教授的小儿子，才十几岁就倾向于革命，极力要求同他哥哥一起去延安，未果。在路上，听到一位革命的青年被反动派害死，他就毅然决然地把自己的名字改成与被害青年的名字一样，一直沿用到今天。这位同学后来成为广东省社会科学院的院长。据说他当时被定成“暗藏”反革命的原因，是因为他有一把手枪，常常拿出来在同学面前炫耀的缘故。

1955 年，我和翦老到荷兰参加青年汉学家会议，当时翦老运用他在重庆白区的经验，谈笑风生地既宣传了政策，又争取了朋友；而我呢，因刚刚解放，小心谨慎，惟恐犯敌我不分的错误，在这种左倾幼稚的思想指导之下，行为非常拘谨，对于燕京旧友郑德坤，哈佛旧识费正清，都未敢深谈，显得异常生硬，后来我写批判文章时甚至诬蔑费正清为美国“特务”。文化大革命后费氏夫妇来北京，我奉命与邵循正、陈振汉两先生共同接待，谈话稍有深入。而到1982年我重访剑桥时，费正清老先生竭诚招待，不但给我们安排住处，并且亲自给我们送早点来，盛情可感。

此外，那次在荷兰开会时，还遇到一位从台湾到巴黎学习的青年学生，名陈荆和，我们因为他是从台湾来的，当然不予理睬。几十年后陈荆和先生成了东南亚史的专家，访问北京，我才与他握手言欢，不免觉得当年实在是太狭隘了。

1956年，我与翦老、张芝联、夏鼐三位先生到巴黎参加第九次汉学家会议。这一次香港大学的罗香林和饶宗颐两位先生也出席了，罗先生是陈寅老早年的高第弟子，本应畅叙，饶先生尚属中年，未露头角。我们把港台看作一回事，也就一律不予理睬。直到几十年后，饶先生以文史之学闻名东亚，诗书画三绝，尤其令人折服，他到北京访问，我们相得甚欢。

1957年的反右派斗争是新中国成立后第一次大规模的政治运动，被划为右派的原因几乎无一不是荒唐可笑的。历史学界前辈如向达、雷海宗，我的同辈如孙毓棠、丁则良，我的学生如夏应元等，追究起他们的问题，不是曲解就是诬陷。例如，雷海宗是说“马克思主义史学著作，恩格斯以后没有发展”，这就是抹杀了列宁和斯大林。向达的罪名除去想作他本县（民族自治县）县长以外，还有很多条，其中一条是他客厅悬挂的毛主席像旁边放着一只铜（?）制的老虎，是要吃掉毛主席！孙毓棠只在鸣放时说“科学院像个大衙门”。夏应元散会后在屋里说，他要“赶紧上街”办什么事，听到的人就汇报成为夏应元准备像匈牙利那样“上街”搞反革命暴乱。这些人都有

1973 年，与埃塞俄比亚老皇帝握手，旁为俞沛文大使

言论或行动可以歪曲成为右派言行，而丁则良根本在国外开会，没有参加国内任何鸣放的会，也无任何平时的话可作把柄。据最近他在美国教书的儿子到北大数学系来暑期讲学，告诉我说，丁所在的东北人大有一位老党员领导，写了一部历史著作，让丁则良提意见。其实这只是一种姿态，而丁则良本着学术良心和对党负责的态度，尽其所知提了不少正确的意见。这就触犯了这位老党员领导，反右一开始，就缺席裁判把丁则良划为右派，并且捏造出一个小集团。丁则良被逼自杀以后，当局连他的子女也不放过。他的儿子丁克诠报考大学被拒绝，退而报考中专也不获准。丁克诠只能发奋自学，至“文革”结束后考取研究生，又赴美取得博士学位，获聘在伊利诺伊州大学任教，并受邀于 2000 年到北大数学系讲学。丁则良 1957 年至北大水塔下未名湖内含冤自沉，当客座教授丁克诠三十多年后来到湖光塔影的伤心地凭吊亡父时，丁则良夫人因饱受折磨先于几年前辞世，夫妇二人只能在九泉下庆幸儿子成才。

当时批判右派的大会，由各个组织召开。因为我是民盟的负责人之一，所以批判盟员王铁崖的会就由我主持。其实他只是想办一个大规模的法学院而已，批判会上的发言说不出所以然来，我感到很无聊，而又不得不去主持。《人民日报》曾找我写一篇批判傅种孙（数学家，师大校长）右派言论的文章，我也照办了，其实并不了解傅种孙是何许人。这种盲目的行动，现在看来既可悲又可笑。

1957年的反右斗争，我的两个妹夫都被卷了进去。三妹耦良（中学英文教师）的丈夫丁用洪是北京建筑设计院的工程师，工作成绩优异，只因说了一句“有些党员就像上供的点心，只摆样子不起作用”，就被划为右派。他们住在城里，和我接触不多，也不知道什么时候摘的右派帽子。到1973年左右，五弟杲良从美国回来，我们在耦良家里聚会。照相的时候，大家在那里你推我让，闹成一团，而丁用洪却独自一人站在一边，我觉得这样很不合适，就热情地招呼他过来和我们一起合影。我想这样做是对的。

二妹与良的丈夫查良铮，即著名诗人、翻译家穆旦。他翻译的作品既精确且优美。尤其是他的诗集，1999年在百年百种优秀中国文学图书评选中当选，这是很高的荣誉。他曾参加中国远征军到缅甸抗日作战，1942年撤退时，历经千辛万苦，在深山老林里失踪5个月之后，才撤回到印度。就因为这件事，他在反右运动中被定为历史反革命，赶出南开大学的课堂，接受管制，到图书馆监督劳动，1962年结束管制后，降薪留用，在南开图书馆做职员。我们家大多数人对他过去的情况都不够了解，因此他每次到我们家来，当大家（兄弟姐妹10人中6个党员，两个民主党派）欢聚在父母身边，兴高采烈，高谈阔论时，他常常是向隅独坐，落落寡欢。许多年中，我去天津，记得只上他家去过一次。现在回想起来，那时我们对他的态度是非常不公正的，感到非常内疚。他于1978年2月含冤去世，我正因梁效问题受审查，不能参加他的追悼会，由邓懿代表我去了天津。1981 年，他最终得到平反，骨灰安放在天津烈士陵园，后葬在北京万安公墓，我专程去天津参加了骨灰安放实即平反仪式，还记得我乘 332 路公共汽车去北京站，车上很挤，在人民大学那一站停车时，我因站在车门边，被挤下车去，跌倒在地，连眼镜也掉了，当时我已 68 岁，居然没有受伤，所以记得清楚。

1958 年大跃进时进行学术批判，我曾经做过批判陈寅恪先生的发言，事后多年才向陈先生“请罪”。当时我入党已经两年，对于党的号召更是无不积极响应，义无反顾。党叫我批判陈寅恪先生，我的态度和五年以前批胡适时就大不一样，不加任何思索就执行支部的意图，从未想到有一天万一跟陈先生见面的话何以自处，或者见陈先生于地下之时应该怎样。但是物极必反，这次批陈以后，我倒是逐渐更深刻地认识到陈先生学术的伟大。

1999 年 11 月，在中山大学举行的纪念陈寅恪教授国际学术讨论会上，我做了一个书面发言——“向陈先生请罪”。我说，

1978 年，结婚 40 周年

也是向大会交代一个问题，这个问题本来早应该在第一次会议或者第二次会议上讲过了，但是我确实是忘记了，不是文过饰非，隐藏罪证。最近（1999 年 10 月 9 日）我写别的文章，翻起我旧的笔记本，发现有一个批判发言稿，而这个批判发言稿就是批判陈寅恪史学的稿子，这才想起来这件事，一定要在这次会议上及时地把这个问题做个交待，不然的话，我的罪责就更重了。1958 年，在举国大跃进的形势之下，学术界进行学术大批判，北大历史系总支组织了一系列的批判会，批判史学界的种种思潮，组织教师指导学生写文章，同时也组织教师进行批判，分配给我的批判题目就是陈寅恪的史学思想。我 1956 年入党，由于反右斗争，迟了一年才转正。1958 年正是锻炼党性，不讲价钱，党指向哪里就打向哪里的时候。这个时候，我接受了任务，丝毫没有考虑，也没有任何顾虑，完全没有考虑到自己的马克思主义水平究竟如何，能不能批判得了，批判陈寅恪先生对陈寅恪先生将发生什么样的影响，陈先生如果知道我批判他，又有什么想法，以及将来如何面对陈先生等等，这些问题都一概不在考虑之列，因此也就不再记得这件事情。根据我当时的提纲，是批判了四点：第一点是帝王将相是历史的主人的问题；第二点是注重文化的区别而不注重种族的区别的问题；第三点是陈先生的民族虚无主义，把中国很多事情从外国找到来源；第四点是陈先生讲善战的民族实际上是为帝国主义张目。我是从旧营垒里过来的人，我深知陈寅恪先生的研究成果和结论，我自己也知道我所掌握的马克思主义很有限，顶多只是联共党史四章二节，那些教条章句等等，是不能够驳倒陈寅恪先生的论点的。但是，我也不管这些，反正是根据党的指示，用所谓的马克思主义理论来进行批判就是了。作为一个新党员，我当时完全没有想到将来如何面对陈先生，更没有考虑到陈先生如果知道我批判他，将作何感想。当时的《光明日报》史学副刊选载了历史系同学批判陈寅恪先生的文章，但是没有登我的文章，可能因为只是上纲上线，而没有批倒陈寅恪先生的论点内容。所以当时校外的人不知道我也参加了批判陈寅恪，而寅恪先生自己当然更不知道，不然的话，我早已成了金应熙第二，被陈先生处以破门之罚，拒之大门之外了。随着时间的推移，我的学习逐渐深入一些，我觉得马克思主义一分为

二、合二为一的辩证法在陈先生的许多著作中都可以找到，陈先生的思想实在是很符合辩证法的。同时，我觉得陈先生教导学生写论文要从史料开始，而史料必须要考订得扎实以后才能作为根据，这种思想实际上是存在决定意识的一种反映，而不是“我思故我在”的一种反映。我当时对学生讲过，陈先生文章中有辩证法。历史系工会或学生会小报上刊登了我这一说法，但此小报现已无从寻觅。后来我才知道，早在50年代，老马克思主义者杜国庠同志就曾经说过:“陈寅恪的史学思想具有朴素的唯物主义成分。”[①] 所以，在文化大革命之前，我又几次对同学讲过，陈寅恪先生的史学是具有辩证法的，但是，掌握辩证法的人并不一定能够写出陈寅恪先生那样的史学文章，因为他除了这点以外，还具有他个人特有的敏锐的见识和犀利的剖析的能力。根据他的敏锐的见识和犀利的剖析，才能发前人所未发之覆，每篇文章都有新的见解。陈先生这种辩证法思想并不妨碍他所标榜的以独立之精神、自由之思想作为指导的研究工作。而我自己呢，入党以后，既然树立了服从组织的思想，自然而然就违背了独立之精神、自由之思想的这种标准，或多或少，这里或那里做了些曲学阿世的工作。比如说，我常常应报纸的请求，写一些中国与某国人民友好的文章，这些文章里面，只提友好，不提不友好的方面。但是我认为这只是常识，不是学术研究，也不能算完全违背事实，所以它不能算是曲学。至于写柳宗元《封建论》和诸葛亮法家思想等等，这些文章那就完全是曲其所学，阿谀世道了。而我当时还很自豪，以为用自己所学的古典文献为当前的无产阶级政治服了务。这真是参加造神运动、自己信神崇神的丑恶结果，完全违背了陈先生要在独立之精神、自由之思想指导之下来做研究的教导，是完全应该接受破门之罚的。

粉碎“四人帮”这一战役使我惊醒过来，感觉到自己过去参加造神运动、信神崇神的种种行为的荒谬可笑。就在这个时候我看到了田余庆先生关于魏晋南北朝史的研究文章，田先生年岁小我一轮，我对他来讲，是师友之间的关系。可是我看了他这篇《释“王与马共天下”》的文章以后，

---

① 见1999年2月13日《文汇读书周报》所载吴江同志的文章。

大为惊叹，大为折服。我感觉到他不仅有辩证法，而且有自己敏锐的见解和犀利的剖析能力，所以他的文章就有像陈先生那样的发前人未发之覆的特点。以后看到他的其他文章，多有类似的感觉。因此我说，田先生在某些方面，他的工作胜过陈先生。有人误会，以为我说田先生全面超过了陈先生，我不是那个意思，我只是说，在某些问题上，田先生超过了陈先生。因为陈先生的天才和学力，在今天还没有人能够超过。

至于我自己的魏晋南北朝史研究，在停顿了 30 年以后，重新又拣起来。在“梁效”受审查期间，我就开始温习魏晋南北朝史的史料，陆续写了一些札记，后来编成《魏晋南北朝史札记》。这本书实际上是以郝兰皋的《晋宋书故》为蓝本而写的，但是自信没有违背陈先生独立之精神、自由之思想的教导。以后又陆续写过一些文章，我自信这些文章也还是本着同样的精神，没有曲学阿世，是未负如来的。我相信我这个迷途知返的弟子，将来一旦见陈先生于地下，陈先生一定不会再以破门之罚来待我，而是像从前一样，进行和谐温馨的谈话，就如同在清华新西院、纽约布鲁克林 26 号码头轮船上、清华新南院和岭南大学东南区 1 号楼上那样的和谐和温馨。

发言后的反应强烈，有的同志落了泪。

在批判北大历史系《北京史稿》时，我错误地称商鸿逵先生是“黄色文人”。此事后由北大历史系党总支在赔礼道歉时讲过，后来在纪念商先生的会上，我仍然怀着非常歉疚的心情重谈此事。因为以后直到我因梁效问题受批判时，商先生一直是对我非常友好的。

1951 年，邓懿在清华给东欧留学生上课

十 邓懿调离中文专修班

1959年之后到1966年“文革”开始以前，使我情绪波动最大、既哀且怒、不知道是酸甜苦辣哪一种味道的，那就是我的爱人邓懿被迫离开她工作十年的语文专修班。

我想这里应该先说明一个问题。我和邓懿两人之间，以前是共同之点为主，成为两人结合的基础。实际也存在着过去从来没有注意到的不同之处，新中国成立以后逐渐显现出来。首先，我出身于大资产阶级家庭，我父亲又是清王朝高级官僚的孙子，所以我经过学习后，负罪感特别沉重，总觉得自己出身不好，又到美国留学，因而悔恨交加，恨自己出身不好，悔自己未走革命道路。而邓懿呢，她的父亲出身贫寒，靠当律师为生，属于自由资产阶级，所以就没有我这样的思想负担，也没有负罪感。她在新中国成立后的欢欣鼓舞，主要来自妇女解放、男女平等这一点，她常常说：“如果不是共产党来了的话，我到今天仍然只是周家的大少奶奶呢。”这是由于出身不同而形成的心态上的微妙区别。

其次是因为生活环境不同而形成的性格差异。比如说，我从小是没娘的孩子，比较拘谨、温顺，而邓懿则是父母的掌上明珠。外舅守瑕先生在邓懿出生之后即有诗云：“胜无聊慰亦人情，荔子何妨是侧生。络秀小家知付托，金銮绮岁定聪明。诗篇咏絮当庭就，字格簪花下笔成。付与文姬传绝学，中郎身后不埋名。”（见《荃察余斋诗存》卷三）邓懿后来果然不负其父的期望，从小就不断受夸奖，在南开和燕京又都是成绩优异的好学生，于是就养成了一种比较刚毅果断、自信心很强、心直口快的性格。她的庶出的身份，也增加了这位“敏探春”的要强心理。在极左路线影响之下的党组织，对于我这样的驯服工具当然很欢迎，但对邓懿这样有自己的主张、敢于发表不同意见的人就看不顺眼了。她有一个兄弟，新中国成立前夕去了台湾，以后一直不通音问，不知他生死存亡，但这个社会关系给她带来了极大的灾难。50 年代，邓懿给我在美国教书的弟弟写信，劝他回国，信中引用了一句中国人的俗语，“金窝银窝，不如自己的狗窝”。两种海外关系加在一起，于是这句话就被歪曲地解释为污蔑社会主义祖国而受到批判。她对家人和她领导的青年教师都严格要求，提出切中要害的批评。她说我因是大少爷出身不做家务劳动，因习惯南方口音而不分“n”和“ng”，因没学过力学而在体力劳动时用力不得当，以上全言之有理。她对青年教师严格要求，要求青年教师做到的自己先做到，批评时也有理有据。一部分教师因此不满。但到今天，有些仍在从事教学工作的先生，都承认当初邓先生对他们那样严格是完全必要和非常有益的。

我们两人虽然同样有海外关系，但所受待遇却完全不同。我一直得到党组织的信任，当时出国的一个基本原则是二人同行，而我却可以例外，曾经好几次单独出国。邓懿的遭遇与我大不相同，因为她有海外关系，就以不宜与外国学生接触为理由，于 1960 年被迫离开汉语中心，调到西语系公共英语教研室。有人听到当时负责语

1952 年夏，留学生班全体师生在清华

文专修班的支部书记扬言："我和邓懿是清华同学。她毕了业，今天当了教授，我没毕业就中途退学了。但是我现在管她。"从这一个"管"字，可见这位支部书记当时是一种什么样的心态。我作为党员曾被召到语文专修班的支部，支部书记要我汇报妻子的思想情况。我只好说："她不理解领导的决定，更不愿意离开教汉语这个岗位。但她一定服从分配，做好英语教学工作。"

邓懿调到公共英语教研室后，被作为犯错误的干部对待，由一位比她年轻的讲师领导。二人出差乘车时，座位由讲师坐，邓懿提着讲师的皮包在旁站立。她被逐出汉语教学岗位的理由是"因有海外关系而不能教授外国人"，但在公共英语教研室她却奉派去教朝鲜和越南学生英语。她全力以赴做此工作，带领学生走出校园，到社会上开门办学，学生获益良多，与她建立了亲密关系。越南学生学业结束回国时，因对她依依不舍而泪流满面。

为了表明自己不是无所作为的，她参加了几项英语研究和编纂工作，并提出要与我合译一部美国人写的日本史，其实主要是由她执笔，我只是做了点校订工作而已。她译这部书的用意，就是想说明她不是无所事事的。这是当时被投闲置散，不能发挥作用的知识分子的一种普遍的心情。

我把1948年到1978年这30年概括为风风雨雨、恩恩怨怨的三十年，风风雨雨不仅是我们一家如此，全国都是如此，恩恩怨怨则是指我们家庭的夫妻关系而言。"文革"初期，我是一个靠边站的干部，邓懿则完全可以当一个逍遥派，但是我要求锻炼，主动地跳出来反对聂元梓，在五四广场发表演说，结果介入派性斗争，遭到揪斗、抄家，被发配到劳改大院。邓懿受到牵连，以"周一良的臭婆娘"的名义也成了"院士"，受了种种磨难。每念及此，我心里总是非常不安和难过，觉得很对不起她。最近西语系教师陈文如来信说："67年

1960 年，朝鲜留学生来燕东园

5 月，我被新北大公社关进‘牛棚’。当时我被毒打了三天，遍体紫黑，送进民主楼后的平房，舌焦难忍。当时是邓先生给了我一杯水喝。后来邓先生告诉我，就为此事，她挨了打，还被罚双眼正视太阳。因为难友之间是不准交谈的，遑论表示什么同情和安慰了。我那时晕头转向，只想到自身的痛楚，大约也来不及向邓先生道谢，更没有注意到她为我吃的那些苦头，现在成为终身的歉疚。”

在劳改大院里不许私自交谈，每天让大家背语录，并进行抽查，据说就是为了防止大家私下交谈。虽然每天两次排队出去劳动，但是我和邓懿一次也没有碰在一起过。她每周还可以请假回家，而我在请假一两次均遭拒绝之后，就索性不请假了，因此我与家人完全隔绝。有一天，我独自外出，从北往南走到旧图书馆门前时，迎面碰上邓懿。当时四周无人，我本可以和她谈几句，交换一下情况，但不知是出于什么心理，也许是怕被红卫兵发现，也许是怕被别的“院士”发现后回去揭发，也许是心里想说的话太多，千言万语无从说起，总之，不知何故，我对她直视而过，一语未发。几个月后，劳改大院解散，我回到家里，她对我提起那件事，感到非常生气，质问我是怎么回事，我无言以对。

运动开始时，我还乱上纲上线，贴大字报，说她是漏网右派，这些事情都是做得很不应该的，现在感到很对不起她。她仅有的首饰都在抄家中被抄走，而最令她伤心的是，她被抄走的结婚戒指，据说后来被历史系的红卫兵偷走，不知下落。另外一件让她伤心的事情是，我们家里保存了几十年的十几本相册也在“文革”中毁掉，而尤其不应该的是，这些相册并非扫四旧之初所毁，是红卫兵抄走又还回来之后，被我自己亲手毁掉的。我对于她穿着华丽的衣服，在照相馆摆出姿势所照的相，向来认为俗气，很不喜欢。但是当时究竟是受到什么思想支配，现在也说不清楚。总之是一种赌气的行为吧，就干脆付之一炬。包括我曾祖父写的一张条幅，也是还回后被我自己毁掉。侥幸的是，当时红卫兵为了保留罪证，把这张条幅照了相，后来将相片同条幅一起还给我，所以现在我手里还保存着这张相片。邓懿的相册虽然都毁了，但她过去一些重要的相片都给了三妹一份，而三妹的相册却至今保存完好。

写到这里，我想顺便交待一下另外一本纪念册的命运。前面曾提到，在我和邓懿举行婚礼时，有一本请来宾签名的纪念册。后来凡是应邀来我们家作客吃饭的客人，都在这本纪念册上签名留念。在哈佛时，来欢聚的客人都曾经留名，其中有胡适之、赵元任、张其昀等各位教授。在这本纪念册上，还有一些今天政府领导人的签名，如朱镕基、艾知生等。新中国成立前夕，局势混乱，清华组织了一些青年教师，每天晚上到教授住宅附近去巡逻，以防不测。我们准备夜宵招待，同时也请他们签了字。当时我虽然不认识这些人，但记得其中有朱镕基、艾知生两个名字。就是这本纪念册，也在“文革”开始时被我亲手毁掉了。

“文革”中固然有许多可气可恼的事情，但也有可笑的事。比如当时“院士”们每次去领导的办公室，必须在门外高喊报告，得到允许后才能进去。有一次我在门外喊了报告后推门进去，看见胡德平（胡耀邦同志的儿子、当时的历史系学生）在里面，他看见我这位老教授正经八百地高喊报告，不由得忍俊不禁。还有一次，我喊了报告之后进去，是郑必俊同志在里面，她当时也忍不住笑了。

审查梁效时，最使我恼火的，是监管我和洪肇龙同志的那个监改组的头头。他大概是地质地理系的教师或干部，在归他监改的半

与罗马尼亚留学生罗明（已任大使）及夫人萨安娜。左为傅惟慈先生

年中，他对我始终是沉着脸，就像对待犯人一样，我当然对他也没有好气。几年以后，有一次工会组织大家去避暑山庄旅游，我在火车上的座位恰好在他对面。当时他似乎有和我打招呼的意思，我当然不予理睬，并且还与我爱人高谈阔论，故意讲起当初监改的事情给他听。

“文革”中的恩恩怨怨虽然很多，但粉碎“四人帮”以后，仍有许多令人不快的事情。在我因梁效问题受审查时，有一次为了证明什么事，我去图书馆查《参考消息》。管理报刊的那位女同志（老干部、某系副主任夫人）见我是梁效成员，就沉着脸，没完没了、翻来覆去地盘问我，使我非常不耐烦，但也无可奈何。梁效成员当时都要回本系去接受几次批判斗争，有一次回历史系接受批判，会议开始前，先让我在另一间房子里等着，再派人来叫我。我一进会议室，主持会议的那位同志就高声大喊：“周一良，你从来都是反对华主席的！”我听了这话，真是觉得又好气又好笑。我过去根本不知华国锋其人，当他接班时，党组织会上学习讨论，我的发言只能说我们相信毛主席，他所信任的人，一定错不了。孰料现在我却成为从来都是反对华国锋的，真不知从何说起！不过对主持会议的这位同志我很了解，他是我熟悉的学生和同事，当时大概也是出于无奈吧。

“文革”后期，还有一件引起我们夫妇情绪波动的事情，就是女儿的婚姻问题。启盈从体育学院毕业以后，到门头沟矿上的学校去教书，在那里结交了一个男朋友，他的父亲是清华旧制学生，哈佛大学毕业，在贸促会工作，也可以算是门当户对吧。但麻烦的是，他的姑姑李效黎嫁给了一个英国人，我们听说后就非常紧张，觉得旧的海外关系还没了，又来了新的海外关系，这岂不是自找麻烦吗？于是我们就劝说启盈，希望她放弃这个朋友，但她无论如何也不肯，这样相持了很长一段时间。后来我们才得知，那位洋姑夫是英国的进步人士，名叫林迈可，曾在燕京大学做过导师，同情中国革命。后到解放区工作，对解放区的无线电通讯做出了很大贡献。这样我们才放了心。

1989 年，纽约的半家福

十一 “文革”后的二十年

1983年，世界史研究室全体成员

最近这20年，虽说是太太平平的20年，但情感的波动还是时有起伏的。

1976年我开始因“梁效”接受审查，1979年审查结束回到历史系。当时日本史和苏联东欧史都不是基础课，所以合组世界史研究室。人员有来自日本史的沈仁安、宋成友、马斌和我，还有来自苏联东欧史的张蓉初、包良骏、刘祖熙、范达仁和郝桂莲。我的组织生活与政治学习均在这个研究室，但业务工作则不然。当时邓广铭先生主持的中古史研究中心下设敦煌小组，由王永兴领导。此小组要我参加，并委以研究敦煌书仪的任务。于是我在青年教师赵和平襄助下开始研究书仪。后来这一项目，改为以赵为主，我协助他取得了一定成果。我指导研究生始于60年代，当时的日本史研究生是沈仁安。他程度很好，语言关过了以后，就可以独立研究，作出成果，所以我没有起很大指导作用。63年收了叶昌纲、周启乾两个日本史研究生。他们二人都具有相当能力，但那时“文革”山雨欲来，他们未能读多少书，连毕业论文也没作，就分配了工作，所以我也没作什么指导。从“梁效”回系以后，我招收了几名魏晋南北朝史硕士生：杨光辉、胡宝国、郭熹薇、牛朴、刘雪枫等。还有一位日本研究生永井（松川）君代女士，随我研究审阅《宋书》的礼志。由于我不善于深入观察问题和诱导学生，这批硕士生的成果主要源于他们努力自学。开始实行博士生制度后，有人因“梁效”问题反对我当博士生导师，经邓广铭先生力争始得通过。以上这批硕士生

1997年9月，与邓广铭父女在友谊医院，这大约是邓先生最后几张照片之一

周一良、田余庆（右）“梁效”审查结束后回历史系，与祝总斌（左）三人结成魏晋南北朝史的松散联盟

中，杨光辉拟深造，随我读博士，我因已届退休，就将他转给比我更强的田余庆先生。此时慕虚名来随我读研究生的李凭、陈勇及何德章，我也介绍给田，所以我这个博导实际只带了半个博士生。邓广铭先生系主任届满后，我接任一届。时副主任吴代封先生擅长行政，勇于任事，我就乐得做了无为而治的系主任。任内我主要做了两件事，一是全力促成考古专业独立成系；二是与邓广铭先生合力挽留了吴小如先生。吴小如先生时已定从北大中文系调往中华书局。我们觉得吴先生博闻强记，讲授中国文学史各段均胜任愉快，堪为青年教员的好老师，所以极力安排他在中古史中心担任工作，这样他就能担起辅导古代史青年教师的重任。我们说服校系两级有关负责人而留住了吴先生，可惜历史系青年教师未能多向他请益，所以吴先生在完成中古史中心校点任务之后，能够游心文史，只成全了他有大量自由时间研究自己有兴趣的题目，做出许多贡献。

我在1986年退休。回首几十年，逢6的年份都有对我重要的事情发生。36年结婚，46年从美国回国，56年入党，66年“文革”，

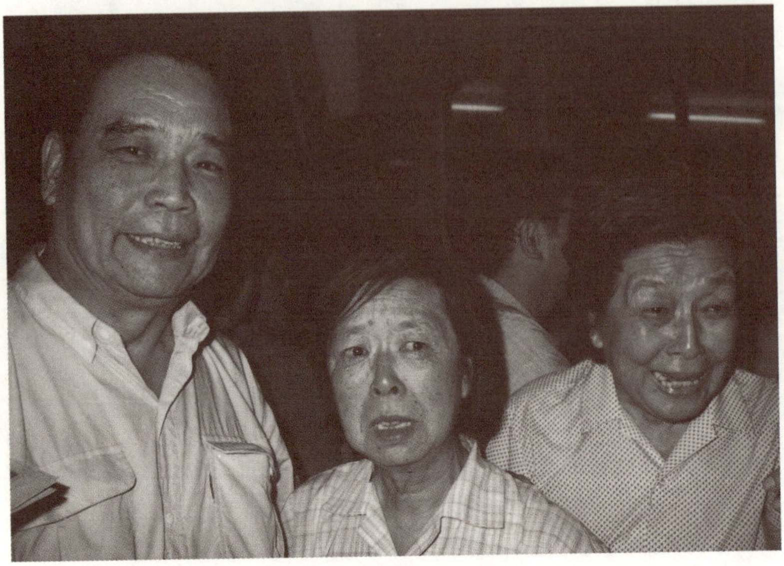

1988 年，分离 40 年的姐弟再相见，又悲又喜

76 年因梁效而受查审，86 年退休。

1982 年，美国卢司基金会与中国政府签订协定，邀请中国学者赴美短期访问，而我是第一个被指名邀请的。这一年，我在美国待了半年多，主要是在柏克利加州大学。卢司基金本来不算多，而中国政府又要扣除一些，所以生活是比较窘迫的，但是我的兄弟杲良在加州大学附近的斯坦福大学任教，他们夫妇两人热情邀请我去他们家里，每周带我们去外边参观、游玩、吃饭等等，所以日子还是过得比较好的。这半年多在美国的最大收获，是与邓懿的兄弟邓宝善联系上了。宝善 1947 年秋冬之间从北京去重庆投考军校，紧接着就解放了，遂失去联系，估计他可能是在台湾，或是死去了，但一直没有消息。我们在柏克利认识了一位朋友，是李准的儿子，叫李相度，他常来往于港、台之间做生意，家在美国。我们托他去台湾时设法打听一下。他回台湾不久，就从台湾全省的电话簿上查到了邓宝善的名字，在我们离开柏克利的前一晚，宝善从台湾打来了越

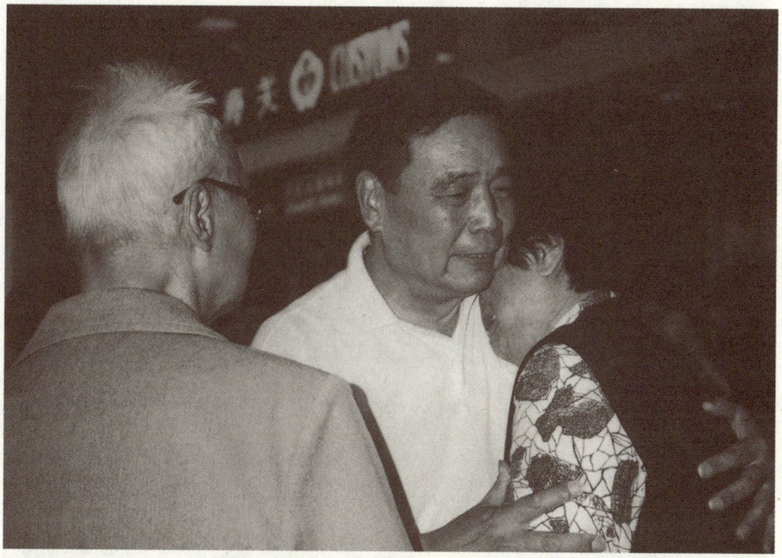

1996 年，临别依依，难以言喻

洋电话，这是相隔 36 年以后第一次通消息。当时他在台湾南部屏东地方的一所农业学校工作，从此以后，北京和屏东之间函电不断，但真正见面已是 1988 年了，宝善夫妇来北京，姐弟团聚了几个星期。这是 1982 年前后我们最愉快的一次经历。可惜的是，日夜思念儿子的老母亲，已经在十几年前去世，来不及等候他们了。

1984 年 2 月，父亲去世，对我是一次情感的折磨。现在回想起来，最感悲痛的是在他病重住院后，我的弟妹们都来到天津，我把他们召到一起，将前几年父亲交给我的遗嘱念给他们听，那一刻真是悲从中来，不可抑止。后来大家在医院轮流看护他，有一天我在他身旁时，他念了两句杜甫的诗："千秋万岁名，寂寞身后事。"我当时心想，他身后应该不会是太寂寞的吧。现在看来，我的想法是对的。父亲生前为祝寿由冀叔英同志编的《自庄严堪善本书目》印出来了；北京图书馆为他的百年诞辰举办了纪念展览；我初步搜集了他的遗札，也已发表；二弟珏良在书友雷梦水同志帮助下，找到

弢翁在书桌前

父亲早年翻译的《康德人心能力论》，加以复印；堂弟周慰曾写的《周叔弢传》已由北京师范大学出版社出版；天津图书馆李国庆同志编印了《弢翁藏书活动四录》；幼弟景良搜集整理的《弢翁诗词存稿》，也用电脑打印了出来，并在《历史文献》上发表。还应该提到的是，王贵忱先生把先父给他的信加以石印；王绍曾先生写了好几篇文章，详细介绍先父买书、藏书、爱书的情况；李国庆同志编的《弢翁藏书年谱》，体例完备，资料翔实，很受欢迎。我们还编了《自庄严堪善本书影》，包括每部藏书的首页、末页和全部题跋。大概有三千多页，将是前所未有的版本学教材。此事的设计规划以及联系出版等等，非常麻烦，主要由景良一人负责。我戏称为“周家斧季”，非虚誉也[①]。

① 明代大藏书家毛晋之幼子毛扆字斧季，继承其父遗志，刊印了不少好书。

1951 年夏，周叔弢六十寿辰与子女、儿媳、孙男女合摄于天津，包括谊同父子之堂侄绍良、外甥孙师白、师匡兄弟，可称广义的全家福

我们今天可以告慰于父亲的是，他的身后并不寂寞。这是宝贵的化私为公精神应有的回报，他的子孙亦当引以为荣也。

先父自少年时期就喜欢摄影，自己洗自己印，并且还订购了各种国外的摄影杂志，他的摄影作品也曾在国外杂志上发表，可惜这些资料都已捐给了南开大学图书馆。他在这方面的工作，在中国早期摄影史上也该占有一席之地。

父亲在病床上，有一次对我说：你们一定要好好照顾继母。其实不用他说，我们9个人对继母左太夫人一直是非常爱戴、非常尊敬的。阳湖左氏是清代名臣左辅的后人，左辅是当时诗人黄仲则的好友，《两当轩集》中不断与诗人相唱和的“左二”即其人也。她的父亲左运玑曾随薛福成出使欧洲4国，与我生母的父亲萧应椿也是熟识的朋友。左太夫人受过良好的旧式教育，同时思想也很开明，能够随着时代进步。她作为续弦来到我们家，这是一个有9个前房子女，十几个男女仆人和车夫、厨师的大家庭。像这样一个复杂的大家庭，如果没有一定的胆识，定是不敢来续这个弦的。继母处事果断敏捷，对人对事一碗水端平，九弟治良在她来的时候才两岁，等于是在继母的抚育之下长大成人的。有一次我的姑母对左太夫人说：“你只有一个孩子，应该特别注意呀。”继母回答说：“我有十个孩子，没有什么好担心的。”这么多年来，父亲在外忙于工作，同时还要买书藏书，研究他的版本目录之学，毫无内顾之忧，特别是经过“文革”，他

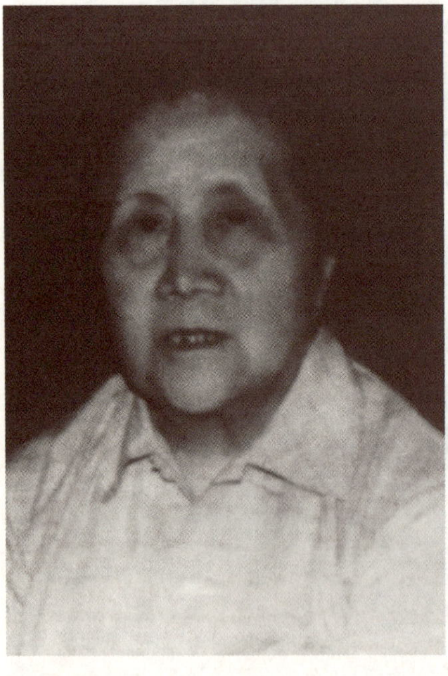

继母左道腴

还能够活到九十多岁，这与继母的悉心照应是分不开的。

父亲去世后，天津工商联等单位都告诉左太夫人，她如有需要时可以用车，但她律己甚严，除了上医院看病以外，决不张嘴要车。后来启锐曾到天津去过一次，用车载着她去逛街，她非常高兴，希望他以后再去天津。现在她在北京的三个孙子都有车，可老人已经不及待了。

我们每次去天津看她，离开的时候，她总是要到楼门口看着我们离去。1996 年 1 月，我们再次去天津看她，那时她已经病了，还是非要扶着椅子走出房门看着我们上车，这是我们的最后一面。11 月 13 日，继母在津去世，享年 96 岁。弟妹们都劝阻我去天津，因为那时医生已经宣布我为帕金森病人，但我觉得我一定要在继母火化以前再见她一面，才能求得心之所安，于是还是在次日去了天津。

十良图——50 年来兄弟姐妹 10 人第一次聚集在一起

前排左起：一、珏、艮、杲、珣；后排左起：以、与、耦、治、景在她的遗体告别仪式上，83 岁老人失声而哭。

父亲去世后的这十几年，继母主要由弟妹们照料，我做的事很少，但在她去世前后，我做的两件事情，自以为还是得体的。一是堂弟慰曾写的《周叔弢传》，里面没有提到左太夫人，我建议补了一段。二是对继母遗产的处理。父亲去世后，她的生活费用主要由天津市政府供给，她有存款十余万，但对这笔存款始终不肯动用，说是怕以后政策万一有变，她可以自立，不至拖累我们。在她死后，我建议在弟兄们分这笔遗产的时候，将象高舅父也算一份，因为八十多岁的象高舅父当时已经中风，三个儿子一死一病，只有一个儿子负担他的医药费用，经济比较困难。我想这样做一定是符合老人心意的吧。

在我的钻石婚之前的十多年内，有三个弟妹先后去世。首先是二弟珏良，因心脏病发作，几分钟内即已不治。他毕业于清华大学外语系，并获芝加哥大学硕士，回国后任北京外国语学院英语系教授，曾担任外交部翻译室副主任，其专业是英美文学，而中国文学修养也很好，并擅书法。他生性懒散疏放，有诗人气质，嗜好甚多。如果不是因为兴趣太广，校外任务太多的话，他在学术上可以有更大的成就。现在只留下 50 万字的文集一部。我为他写了一副挽联：“生也优游，去得潇洒；诗精中外，书追晋唐。”珏良的爱人方缃，北师大讲师，名医方石珊之女。

接下来是大妹珣良（铁道部教育局处长）。她在抗战时期与北平伪警察分局局长结婚，家里人都不同意，但也无可奈何，后来才知道这位姑爷是打入敌人内部的地下党员。他就是后任铁道部运输总局局长、科技委主任的宁致远。珣良生性豪爽，心直口快，处事公道，所以家里许多事情都由她负责解决，大家很服她。她曾经告诫儿子在两件事情上不能犯错误，一是金钱，二是女人。后来我读日本新井白石的自传，其中讲到身为日本武士的父亲，也用这两件事来告诫过白石。不同的时代、背景和人物，却有同样的想法。试看今天犯错误的大大小小干部，哪一个不是在金钱和女人问题上出毛病，可见这是古今中外有普遍意义的问题。

第三个辞世的是五弟杲良。他从小和我性情比较相近，喜读书，平时不爱说话。十几岁时，有几年我与他同榻而眠。以后同出于燕京大学，又同样取得美国哈佛大学博士学位。因此，共同语言较多。他燕京毕业后，在中央研究院心理研究所工作，同时到医学院学习。1946 年，我替他在哈佛大学心理系申请到奖学金，他来美学习，住在我家。我回国之前，介绍他给赵元任先生刻写中文讲义，即住在赵家。台湾所出《傅斯年先生生平资料展览选辑》收有傅、赵两先

1991 年 6 月，北京图书馆纪念周叔弢先生诞辰 100 周年展览，弟兄姐妹 10 人第 2 次，亦即最后一次聚齐

1991年，78岁还骑自行车

生在剑桥赵家门口的合影，两旁的青年，右为丁声树，左边即是杲良。他在哈佛毕业后留校工作，又至芝加哥大学教书，后成为斯坦福大学的神经学教授。他是国际知名的神经学专家，斯坦福大学的神经学博士课程即由他建立。台湾“中央研究院”曾打算选他为院士，大概由于他考虑到父母及兄弟姐妹都在大陆，就婉言谢绝了。他虽学理科，也很喜欢文学、美术、音乐、书法等，年轻时喜写新诗，老伴常念叨他的名句：“蓝天是属于鸽子的。”我给他写的挽联是：“兄弟行中，与你独亲，痛哉先我而去；神经学界，推君巨擘，岿然后学所宗。”杲良的爱人徐蕙蓁，在美国任技师。

三弟艮良，唐山交大一年级读完后，抗战爆发，赴滇缅路工作。解放后，任天津市建筑设计院副院长。爱人李如琇，清末广东水师提督李准之女。

六弟以良，清华大学生物系毕业，著名植被及植物分类学专家，东北林业大学教授，有专著十余种，担任多种国际学术组织的职务。爱人宫信文，未工作。

其次是治良，天津工商学院毕业，北京市建筑设计院副院长，首都体育馆的主要设计者，经常为发展中国家设计和建筑体育场馆。爱人金多文，北京大学法语专业毕业，外贸部专家。

最小的兄弟景良，清华大学哲学系毕业后，又考入北京大学物理系，未毕业即被选派留苏，在苏联科学院晶体研究所从事研究工作。回国后任科学院地质研究所研究员。他虽学理科，由于家庭的熏陶和影响，颇为好古，对于版本目录、金石书画等等都很有兴趣和修养，离休之后以此为生，颇得其乐。爱人朱宜，北大物理系教授，电镜专家。

我们兄弟姊妹十人，均受到良好教育，学有所成，得以很好地为人民服务。

1978 年到 1998 年的这 20 年中，虽然不无可喜之事，但思想波澜还是更多一些。可以举几个例子。文革中，翦伯赞因为交代不出问题而被迫自杀，但他口袋里还有一张写着“毛主席万岁！万岁！万万岁！”的纸条。我每次想到或提起这件事，就悲从中来，哽咽不能自已。翦伯赞的历史观点是经得起考验的，我觉得他很冤枉。

对陈寅恪先生我也非常感慨。在 1988 年中山大学召开的纪念陈寅恪先生国际学术讨论会上，我发言时，说到他的联语“废残难豹隐”，意思就是你想脱离政治，但政治却抓住你不放，不由得潸然泪下。我去瞻仰陈先生骨灰，看到一代宗师陈寅恪先生的骨灰竟放在

1984 年，与缪钺教授合影于成都

那样一个简陋、脏乱的地方，让人伤心不已。我赶快行礼而退，不愿在那里盘桓。

陈庆华同志是我很佩服的一位学者。他勤于读书而懒于著述，往往彻夜读书不眠，就这样搞坏了身体。我认为这是对党的不负责任，曾经几次劝告他，他却依然故我。所以他逝世后，有人建议悼词里加上好党员字样，我表示不赞成。但是，当我在追悼会上宣读悼词，说到他过早地去世时，不由得又为之落泪。

我在哈佛的老朋友中，也有一些在近年陆续辞世。如冯秉铨教授逝世以后，广东的报纸上有一篇有关他的报道，我的儿子找来让我看，我又拿去给我们共同认识的老朋友任华看，任华的眼睛不好，我含着眼泪给他念了一遍。

老朋友任华回国以后未能发挥作用，长期生病。1993 年 10 月我赴美探亲，行前去和任公告别，此时他已久病卧床，我在那天的日记中说："任公行走似蓝芸夫，一切全须人扶持矣。临别再三握手，黯然神伤，真不知明春归来是何景象。"记得那天临别时，他的儿女因他眼睛看不见，劝他回屋，不必送我们出门，但他回屋后又折回来，两人又一再握手道别，确实黯然神伤。幸好我次年回来，居然又得一晤。

近年来我自己年登耄耋，老朋友们逝者日多，我读燕京校友通讯，觉得简直满篇都是讣告。老朋友去世，我常送挽联以示追悼，挽联写得并不高明，但可以借此表达我的追念之情，寄托哀思。1986年挽王仲荦联云："章门高第，一生游心文与史；吾道先驱，两部遗编晋到唐。"

1990年11月，老友谭其骧教授去世，我的挽联说："一百年难遇，绝学鸿篇美而富；六十载论交，平生风谊友兼师。"

杨联陞先生逝世，我的挽联说："任周吴杨异域同游，俊彦独推魁首；文义棋书一时将去，不廉更迈前修。"这是援引梁人朱异的故事①，说朱异在文学、哲学、下棋和书法方面都出类拔萃，首屈一指，未免太不廉，比喻莲生兄学识渊博，多才多艺。

1989年10月唐长孺先生去世前，我正打点行装准备出国，听说唐先生病重，便与田余庆先生商定，如果唐先生去世，就请田余庆发个唁电，由我们两人署名，以示加重分量，同时也表示北大对

① 《梁书·朱异传》。

于唐先生的尊重。挽联是这样写的："论魏晋隋唐，义宁而后，我公当仁为祭酒；想音容笑貌，珞珈在远，侪辈抆泪痛伤神。"到 17 日，田先生打电话告诉我，唐先生已在 14 日仙去，也就是我和田先生商议发电报的那一天。后来汪荣祖先生就用"义宁而后，我公当仁为祭酒"作为标题，写了一篇悼念唐先生的文章。

缪钺先生逝世，我的挽联说："文史回翔，绛帐春风，三千弟子；诗词并美，《灵溪》妙谛，一代宗师。"听说后来在缪钺先生墓前就镌刻了这副联语。

周祖谟先生去世，我的挽联说："北极阁下始相逢，切磋声音训诂，念我实深受其惠；未名湖边重聚首，考订《理惑》新井，感君不吝馈予贫。"下联指他讨论《牟子》一书里的音韵问题和考证明末字书的事情。

吴于廑先生逝世，我的挽联说："五十载前尘，哈佛初逢，风华正茂，而今白首成追忆；四卷本信史，士林所重，精诚戮力，那堪垂泪话同心。"四卷本《世界通史》，现在有人认为不过尔尔，但是当时用它作教材的大学历史系教师，恐怕是不会这样想的。吴先生在世界史方面的贡献和成就，当然远不限于四卷本通史，但四卷本通史在当时确实起到了它的作用，尤其是吴先生 70 年代重新修订之后，使此书的水平有了很大提高。

近几年来虽然不断有老友去世，但也有感到称心的事情。1995 年在亚特兰大，老伴写了一首诗赠给启盈夫妇，诗云：

别时容易见时难，春风送暖又一年。但得一门多和睦、胜似花好月常圆。

这是说我们去美国和他们团聚，对于促进他们的家庭和睦，起了很好的作用，我们也非常高兴。

这首诗未免有点打油，其实邓懿还是有一些文学天才的，我去美国留学以后，她曾经写了两首词寄给我：

秋风秋雨，织就销魂赋。绕砌蛩螿声声诉，何必更吟愁句？料得孤馆灯青，无聊静数深更。愿作今宵阶草，低低诉尽衷情。

寂寞蛾眉蝉鬓，惆怅心期归讯。窗外雨声声，应是绿残红褪。离恨，离恨，湖水又添三寸。

我后来用篆书写在扇子上，留作纪念。她还曾寄给我一张穿着一件红衣裳照的相片，相片上题了一句诗："春衫闲却一肩红。"后来剑桥的同学们便戏称她为"一肩红"词人。

"春衫闲却一肩红"

可惜的是，邓懿后来把精力都用在对外汉语教学上，成为对外汉语教学工作的奠基人之一，而文学方面的才具完全没有发挥出来。其实她当年在燕京读书时，自然科学方面也表现出很不错的潜力。燕京的文科学生必须选修一门理科课程，她选的是博爱理教授的生物学，博爱理教授是有名的生物学家，觉得邓懿的生物学得很好，非常喜欢她，希望她能够转到生物系去。但邓懿因为不愿意看显微镜，又害怕解剖等等，始终没有转系。如果她当初转了系，改学生物，那么，以后会省去不少麻烦，对于社会的贡献就会比对外汉语教学要大得多了。我想邓懿是没有很好地考虑自己的条件，用其所长；而我正好相反，善于藏拙，用其所长，结果发挥的作用就更大一些。

1997年2月大阪，在山片蟠桃奖授奖仪式上讲演

另外一件值得一提的事情，是 1997 年 2 月赴日本大阪接受山片蟠桃奖。此奖专为奖励外国学者研究介绍日本文化有贡献者而设，每年颁发一次，至此已 14 次。其中以欧美各国学者为主，美国人最多，英国次之，法、德、荷等国皆有，亚洲只有一位韩国学者获得过此奖，我是中国第一人，勉强视为中国的日本学者之代表吧。在大阪以日语做 50 分钟演讲，谈我对日本文化的看法，然后在台上与关西大学大庭修教授对谈，主题为新井白石和《我的自传》。

1982 年，在京都会晤井上清（右二）、岛田虔次（左一）等学者

我最早用中国史的传统标准评论了日本官修史书《大日本史》，是黄遵宪以后最初认真研究日本史的文章。新中国成立后，我的日本史研究试图以马克思主义为指导，实际上还是发挥了列宁的说法。在农民运动上，以农民“一揆”比附农民战争，对其作用估计偏高。而我对于新井白石的研究，则是自由地运用辩证的观点，分析白石

的一生，日本学者似乎还没有人这样做过。关于自传的翻译，我注意到原书前后之不同，前面主要用白话，而后面则主要是文言。这种做法是比较符合原书特点的。

在汪荣祖教授家门口

与李孝聪在莱登古堡门前

宾州大学校园内，邓懿与“弗兰克林”谈话

与中近东研究教授费耐生在哈佛

1987 年，在巴黎圣母院后塞纳河畔

此次赴日受奖，除奖状外，尚有奖金 300 万日元，我归国后分给四个子女各 10%，启锐保驾有功（我 1996 年已诊断为帕金森症），额外再给 10%；其余 50% 留供养老及买房之用。其实，对于在海外工作的子女来说，这么点钱只有纪念意义而已，老人还经常依靠他们的“海外基金”，如购买空调、电视机，以及提供不能报销的高额医疗费用等等。现今 60 上下的教师，凡有子女在海外工作者，无不仰赖“海外基金”以弥补家用，已成一普遍现象。老人出国探亲实际是去为孙儿孙女或外孙男女当保姆。与我们当初出国留学，学成即归大不一样了。

这次去日本是我最后一次出国。新中国成立以后，曾去过莱登两次（汉学会议、《人类科学与文化发展史》第三卷编委会），巴黎 4 次（汉学会议、《人类科学与文化发展史》第三卷编委会），巴基斯坦（史学会）、摩洛哥（大学校庆）、加纳（讲中国史）、坦桑尼亚（史学会）、埃塞俄比亚（首航代表团）各一次，日本 7 次（中日友协、首航代表团、由美回国顺访、北大东大交换、发布会、山片授奖），美国 4 次（卢司基金、探亲及顺访）。《人类科学与文化发

1994 年，老伴 80 寿辰时，国内的半家福

在北师大何兹全教授的博士生宁欣的答辩会上。左起：何兹全、朱大渭、周一良、祝总斌

1992 年，与 1954 级学生摄于北京大学历史系建系 90 周年

1989 年，在普林斯顿大学与刘子健（左）、牟复礼（右）共进午餐

1989 年，在华盛顿与戏曲史家志辅大叔（右二）全家

展史》第三卷包括公元前 7 世纪至公元后 7 世纪，其中的中国各章都由欧美大学担任中国历史的学者来写，我被指定写本卷中的朝鲜、日本两节。出版以后，得到“事增于前，文省于旧”的评语。

关于 1985 年的日本之行，另有《扶桑四周》一文。几次去美国的情况，在《毕竟是书生》中也有记述。我曾自撰联语概括去美情

1987 年，在香港敦煌学会议上。左起：柳存仁、冉云华、梅维恒、季羡林、周一良、潘重规

1996 年，《唐代密宗》送给日本学者大庭修

1992 年西安，魏晋南北朝史国际学术讨论会上，与藤家礼之助（左）、吉川忠夫（右）

1987 年，与日本学者池田温、周绍良、林聪明于香港

况："岁晚来享养儿福；暇多贪读彼岸书。"因为在美生活的一切费用均靠在彼之儿女，而时间则主要消磨在阅读国内见不到的海峡彼岸和大洋彼岸的书报也。

近年出版的五卷本《周一良集》也应一提。我过去指导的硕士研究生刘雪枫同志，介绍辽宁教育出版社为我出版文集，我因文章都已发表过，实无此必要，而他的盛情难却，只好从命。文集用繁体直排，纸张精良，装帧朴素大方，堪称上乘，只是简体改繁体不免多有错误耳。文集包括：1. 魏晋南北朝史论集；2. 魏晋南北朝史札记；3. 佛教史与敦煌学；4. 日本史及中外文化交流史；5. 杂论与杂记。

学术方面的回忆，本不在此文范围。但这方面的喜怒哀乐也应该有所反映。魏晋南北朝史方面，在抗战前夕，我曾写过当时颇有新意令人感到耳目一新的论文。好景不长，这方面的研究一断于哈佛 8 年，再断于新中国成立后的 30 年，直到 80 年代"韩非囚秦"，受政治审查时，才重理旧业，这时已经垂垂老矣，虽然多少写了一些，其中亦不乏新意，然终无突破之功，未能发前人未发之覆。佛教史方面，曾有雄心从印度史料寻找密宗和尚的踪迹。虽然 40 年代的博士论文在国外颇受重视，而国内 50 年以后才译成中文，这时我的佛教史研究早已停止。敦煌学方面，我作为识途老马，参加了青年同志的书仪研究，取得了成绩，培养了人。总而言之，自己觉得勤学有余，而脑力不足，方面广而深度不足。也就是各行各业的小伙计，没有一行是老师傅。这就是我在业务上的喜和哀吧。文集稿费共 8 万元，我以 4 万元在辽宁大学历史系设立周一良历史学奖学金，1 万元纳税，2 万元购书以赠友人（包括邮费），剩余的 1 万元供我平素买书及吃小馆之用。有了这笔钱，国内新书可以比较随意地选购，亦数十年来未有之快事也。最近，辽大有位同学给我来了一封信，说他用这微薄的奖金，买了十几本他想要看的书，我听了很高兴。酷爱买书的谢国桢先生曾说过：“假如我知道明天就死，今天想买的书还是要买。”邓拓同志有一方印章：“书生之气不可无。”我想，喜欢买书藏书也是书生之气的一部分吧！

1998年1月，庆祝85岁生日

十二 八十庆寿记

骑自行车到 80 岁

1988 年庆祝金婚，我们全家和邓懿的三妹夫妇俞琳（中国戏曲学院院长）、邓婉婷（中学特级语文教师）一起吃了顿饭，算是庆祝。到 1998 年钻石婚的时候，我刚刚二度骨折，卧床休养，两人照了一张相，就算是纪念了。

1993 年庆祝我的 80 寿辰，是这个阶段中另一件值得追记的事情。我有自己备忘《八十庆寿记》小文一篇，现在作为杂忆的一章放在这里。另外选择了一些祝寿的来信，作为附录。

我的生日是 1 月 19 日（1913 年），庆祝活动从 16 日开始。魏晋南北朝史和敦煌学方面的青年教师（有的是我曾经指导过的研究生）十余人 16 日在勺园邀请二老午宴，并请田余庆、祝总斌两位老

1993年，80岁摄于燕东园寓所内

1982年，俞琳、婉嫭夫妇来燕东园

师作陪。席间分别致词。首先田余庆谈轶事：毅然服从需要，以中国古代史专家改行搞亚洲史；1959年批判党内专家，批田的发言实际抬高、保护了他；1966年“文革”开始，历史系大会上被揪上台后周是惟一不低头的人。最后归结：为人忠厚，为学博雅精湛。祝总斌赠诗为寿：“一代宗师老寿星，文章道德共驰名。齐眉笑祝期颐日，雏燕春风任驰骋。”“期颐”指100岁，“雏燕”是说在座的青年学者。随后大家边吃边谈。我喝了近两杯五粮液，当时未闻到酒香，事后也了无酒意；听说北京所售名酒40%以上是伪劣产品，勺园怕也不例外了。

大家随便谈。有人在部队中从《世界通史》中知道我的名字，有人在四人帮时期听所谓的“批林批孔”文件宣讲知道周一良其人。胡宝国从其父胡如雷（清华历史系毕业）知道我。文化革命那年他9岁，红卫兵抄家，扔了一地书，其中有我的论文集，上写“如雷同志批判”。他当时知道批判是坏字眼，弄不清我何以如此。据胡如雷日后给他儿子介绍：周知识渊博，平易近人，陈寅恪先生说周“富而好学”。清华青年教授中有4位“大幸福人”，我是其中之一。又加了一句：人很漂亮。我发言感谢大家，就为人和为学谈了两点。为人党性不怎么样，还是儒家思想影响深。曾参解释孔子的“一以贯之”是“忠恕而已矣”，我自问正是如此，也就是为人忠厚的思想根源。为学方面，是我经常引用的比喻：“Jack of all trades，master of none”——“各种行当的伙计，没有一个行当是老师傅”。我过去的研究生郭熹微说：我身上除儒家思想外，还有民主平等思想，对学生从不强加于人，经常鼓励自己指导的学生向其他老师求教。

最后，我坦白交代，去年10月9日摔跤并非步行，而是从自行车上跌下。因为早已答应晚上只推车走，决不骑。那天晚上会后推着走了一段以后，适逢阴历九月十四，皓月当空，路上又寂无一人，心想何不骑上。又是刚买的新车，异常滑溜。在图书馆前对面一辆车疾驰而来，我本可等他过去再拐弯，但想赶在他前头，虽然二车并未相撞，但我终因拐弯过急而翻车。这是咎由自取，劝大家不可快一时之意，同时也坚定我从此放弃骑车的决心。所以，我游泳到75岁，骑车到80岁。

1月17日晚，原清华历史系毕业的齐世荣、刘桂生等纠合十余同学，在甲所为我祝寿。大家追怀当年历史系师生关系之密切，都表眷恋之意。有的同学1952年后调整到北大毕了业，但认为还是对清华感情深些。张寄谦谈我左手写字还给她提供史料。夏应元回忆反右时我在全系会上批他，发言落泪，因而遭株连。王敦书（南开大学教授）谈，原为北大苏联专家研究生，可能由于家庭原因中途被取消资格，下放到湖北教中学。两次给我来信，我都复长信劝勉鼓励。周泽煃远在西安，托同学带来礼品。我发言感谢大家，说自己在清华教书虽只5年，也对清华很有感情，并且对比新中国成立前清华、北大，认为清华比较全面，门槛高，基础厚，教育效果比北大好。同学们赠送礼品——钛金属画校景，我回赠80生日纪念论文集每人一册。

1992年初，一部分青年教师积极热心奔走，为我生日出纪念论文集。由北大历史系、日本研究中心、亚太研究中心共资助15 000元，印2 000册，居然在生日之前印成。启锐设计封面，老友吴于廑题签，吴小如先生赐寿诗墨宝。我国大陆和台湾地区、日本、美国的48人撰文。（启乾文因在别处发表过，未收，在郭蕴静文下加了他的名字，意思一下。）文章内容涉及我的几个研究范围——魏晋南北朝史、日本史、亚洲史、中日关系史、敦煌学等，文章大致水平不错。当初弢翁60生日，我们给他出过一本纪念论文集，是新中国成立后第一部这类性质的文集，以后70、80以至90生日，都无条件。今天我80，照邓大人说法，可算上了一个新台阶，能印此书，不能不说是太平盛世也！

两次宴会启锐都始终录像，枵腹从公。录像片头标题采用了启盈的祝词："八十不老。"

1月18日下午，珣良、耦良、治良、用洪出城来，带来礼物及4家合送的新潮毛衣男女各一件。此前四弟绍良于阴历腊月十三来祝寿①，送日本相册和百寿字钢笔，并说"八十不容易"。还收到与良"for a great brother"贺卡、启成贺信、吴于廑等贺电、黄雨石夫妇、李安平等贺卡。启乾夫妇亦于18日来京，可惜晓丰因割治近视眼未

① 绍良是四叔祖缉之（学熙）先生的长孙、叔迦三叔的长子。因为我们家人丁兴旺，为了讨个吉祥，就把他算作我父亲的第四个儿子，和我们一样，称弢翁为"爹爹"，而我们家的老四杲良就变成五弟了。绍良亦喜收藏文物古籍，所编《敦煌变文汇录》及《红楼梦书录》，皆日后此类书籍之嚆矢；所编《唐人墓志汇编》亦大有助于唐史研究；所得明清小说甚富，已捐天津图书馆。

能来。带来天津合资商店蛋糕，确胜过北京。晚间启博夫妇祝寿电话，并寄来专贺 80 诞辰贺卡。1 月 19 日上午，北大亚非史有关的 15 人来祝寿，赠文房四宝一盒、吉林人参一枝。谈到论文集封面上的寿字，我报告说，绍良认为应当写满 100 个才吉利。而启锐之意画成剥落了的残碑模样，才更符合知识分子实际情况——幸而得保余年。接着历史系正副书记、正副主任等来贺，新主任何芳川是启乾在清华附小、附中的同学。这天还有零星贺客，主编《世界华侨华人词典》的两位历史系毕业生周南京、梁英明送来他们的书，说是特意赶着装订一册，作为寿礼。凡在国外工作过都算归侨，所以书中也有我一条。

19 日晚在勺园家宴，由启锐代表四启操办，每人一只小火锅，涮各种肉鱼片。家人之外，弟妇朱宜和侄儿小群参加了宴会（住在北大的幼弟景良时在天津）。庆祝活动以启盈祝寿电话胜利结束。

此文寄给海外子女时，邓懿作为母亲写了以下几句话：

这回庆祝你爸的八旬华诞，我自始至终都参加了。我感到活动并不盛大，但不论是清华、北大或燕东园，气氛都极为亲切温馨。我想到黑帮大院夫妻相见不相认的日子，真是恍如隔世。启盈说得好，在这样的大气候下“八十不老”，我们应该振作精神奔九十！

一九九三年元月二十六日

燕东园 24 号寓所内

十三　住房问题

住房问题本是生活小事，对知识分子来说，过得去就行了，没有什么很高的要求。但就我的情况而言，从1946年秋到1996年夏的50年间，由于住房问题，曾多次引起情绪波动，喜怒哀乐，酸甜苦辣，可谓备尝之矣。因此在这里记上一笔。

1946年秋，我从美国回到故都北平，此时国民党的统治代替了日本侵略者的殖民统治，接收大员大闹五子登科，弄得乌烟瘴气。回到燕京大学，也是满目疮痍，虽然湖光塔影依旧，但整个气氛已和30年代我们离开时大不一样了。出国时曾经与洪先生约定，回国后到母校服务，去国文系教日本语言文学方面的课程，我履行了当初的诺言。按燕京的规定，教授、副教授要开3门课，我除了教初、高级两门日语外，还就当时研究的佛典翻译文学也开出了一门课。

因为在哈佛大学教了两年日语，我想回到燕京理应是正教授，而学校只肯给我副教授名义，心里自然不大高兴。但转念一想，这倒也无所谓，无非是再等几年罢了。最让我恼火的事，是关于住房问题。校方根本没有打算给我分配住房，而只是劝我暂时不要接家眷，当时分给我镜春园平房的一小间厢房，没有暖气，冬天还得找工友生火，有一次差点酿成火灾。好容易熬过去一个冬天。后来我发现有的单身教员住在男生宿舍里，于是就去与学校交涉，征得同意，我就住进了男生宿舍的二楼，但同时学校有关人员也告诉我，这不是长久之计。

我现在手头偶然保存下来一封1947年1月11日写的家信，那是过完新年从天津返回北平以后所写。一开头是这样说的：

> 外面狂风怒号，屋里冰清鬼冷，这次第正不知闺中人如何自遣也？自从过年返校后，暖气管已完全罢工，毫无暖意。晚上睡觉要穿毛衣、戴围巾，一被二毯之外，皮袍、绒线衣也得盖上，津中想尚不至此？

燕东园24号后门

当时因为许多教员都没有回来，燕京空房很多，燕南园、燕东园，以至于朗润园等地，不少小楼或平房都空着。既然学校暂时不给我房，我就自己作了一番调查。调查的结果，觉得其他房子太大，只有水塔下原来夏仁德住的那处平房比较适合我们，所以希望学校能够把那套房分配给我。

1947年寒假回天津，

燕东园24号向东一侧

3月初回到北平，现在我手头还保存着3月3日回平后写给天津家里的信，里面说：

果不出所料，二楼那间屋已有人住。去找陆志韦，他说注册尚未截止，办事手续方面不能给我房，要等几天注册截止方能定。又说学校的政策是不主张教员住学生宿舍的。我于是与他大辩论，劝他“这个年头应该通融通融”。结果这几天还得另想办法。今晚拟去老二处，就住在那儿，明天到翁（独健）或林（耀华）家去住。（简直有似丧家之犬。）陆头儿（一方面不给我房，一方面又）力邀我去他家住，我觉得太生，不方便。他说：“照这样经济情形，你太太今年也许还不能搬来。”他又说：“洪先生下年大概回不来，（你这房子问题）要等陈观胜回来才能定。”天晓得他来不来！

多年以后，我才知道，当时燕京有一股反对洪先生的势力，对洪先生的学生和洪先生请来的人都故意为难，我只是其中之一。

燕东园 24 号院门口龙爪槐　　（侯艺兵 摄）

当时我兄弟珏良在清华外文系任教，外文系主任陈福田先生通过他来请我去清华。说好给教授名义，更重要的是有房子。我决定去清华，主要原因是有房子；离陈先生比较近，可以常向他请教，还可以协助他做一些工作。当时陈先生身边有汪篯同志帮助他搞研究，王永兴同志帮助他教课，陈庆华同志帮助他读报纸，而我呢，则帮助他了解日本学术界的情况。陈先生向来注意日本的东方学。八年抗战，与日本完全隔绝，即便是北平的清华、燕京，对日本学术界情况也很隔膜，只有伪北大积累了这八年间日本东方学方面的杂志。我利用每个星期去城里兼课的机会，顺便去北大翻阅这八年间的日本杂志，只要看到我觉得陈先生会感兴趣的文章，就借回来念给他听。也算是对陈先生尽了绵薄之力吧。

在清华的 5 年，我的住房问题解决得最好，房内日照充足，每天都沐浴在阳光中。1952 年院系调整，我被分配到北大工作。原在城里沙滩的北大迁到西郊，占据了海淀燕京大学的校址。当时校方分配住房的工作还是做得比较细致合理，比如说，北大的老教授住进燕京大学比较好的住宅，中年教授住稍微次一点但有暖气或者是中关园没有暖气的100平方米左右的房子，更年轻的教员则住50平方米左右的平房。分配给我的是燕东园24号北面。

燕东园的小楼一般是由两家分住，分割时有几种办法，一种是上下分的，一种是左右分的，这都比较公平。只有南北分的一种最不合理，因为分在北面的几间房都是背阴的，终年不见阳光，而燕东园24号北面就是如此。北面的房屋不但朝向不好，而且暖气片也比南面的房屋要少一半。头一个冬天，我们冷得要死，而南边还热得要开窗。我们请求住在南面的李汝祺老教授把他们的暖气片分一半给我们，李教授慨然同意，这样我们住的屋才稍微暖和一点，我应该为此感谢李汝祺老教授的好意，但另有一件事却让我对他很抱歉。当时教师家中都没有电话，因为我在民盟做一些工作，所以学校专为我安了一部电话，这部电话放在我们平常工作的那间大屋子里，当时李太太曾向我提出，是否可以在墙上挖一个洞，把电话放在那里，这样两家都可以使用，但我没有同意。我想，这间屋子是我们的工作场所，如果两家都在那里接电话，势必影响工作；此外，当时还有一种错误的想法，认为电话是一种政治待遇，学校给我安电话，是因为我在民盟工作，不宜让人分享。于是就拒绝了李太太的建议。而今想起来，感到十分歉疚。

燕东园24号朝北的这一面，不仅仅是4间房都不见阳光，而且楼梯也特别糟糕，不是木制而是用水泥砌的，既险且窄，简直让人无法立足。这是当初燕京洋人住的时候供佣人上下的后楼梯。幸亏我们当时年轻力壮，而且刚刚经过政治学习，政治热情很高，我那时手里拿着东西，不用扶墙上的扶手也能上下楼。有一次系主任翦伯赞先生来看我，我指着楼梯对他说，要是我将来死在楼上，恐怕搬都搬不下来。他笑着说，不会的，将来总会调整的。可是直到翦伯赞先生去世后多年，我的住房也仍未得到调整。

到了70年代，我已经年逾花甲，再不能像从前那样毫无障碍地上下楼了，感到住房成为问题。特别是到了冬天，北面非常冷，晚上看电视时需要裹着棉被才能熬过去。楼梯的危险性后来也日益显示出来，我的外孙曾从楼梯上滚下来，脸上缝了好几针，我的儿媳也两次抱着孙子从楼上摔下来。当时我虽然很想挪动，但北大房子非常紧张，历史系有的教师一家三代四口人还住在一间屋里，我心想，在这种情况下，我做系主任的怎么好张口再要房子呢？所以始终没有向学校提出。后来别人都说我太傻了，如果当时提出来的话，很可能会得到解决。

文化革命期间，一位被造反派赶出家门的学部委员乘李教授的老岳父去世，南面楼下有空房的时机，强行迁入。从此以后，两家矛盾不断，而矛盾总像是发自楼下。李太太生气而死，李先生1990年决定搬出燕东园。按理说，空房当然应由学校重新分配。我们于是向学校提出，希望分一间朝南的房间给我们，作为起居室，每天能见点儿阳光，就很满足了。学校当然同意我们的意见，但是我们也想到学部委员完全可能不经学校同意，自己上楼，私自开锁占领。当时孩子们想不等学校与学部委员商量，自己破墙而入，住进一间，我当然不同意这种做法。同时，我们全家每个人都非常紧张，随时注意前面的动静，怕他们不顾一切抢先非法占领。果然，一天晚上，南面楼上灯火通明，他们动手了。这时已经快9点钟了，我们不顾领导忙碌和疲倦，连夜依次找了校长、两位管事务的副书记兼副校长，甚至还见了教务长，报告此事。所有领导同志都表示这样做不合法，即使他们已经把东西搬进去，也得搬出来，此事由学校负责。

我们听了，半信半疑而去。事后听说学校派人去找学部委员，他拒绝接见，甚至把党委派去的人骂出来。而我们侧面从学部委员的女儿那里了解到，楼下三间朝南的房间，加上大花园，足够他们两老工作和休息之用，根本不需要楼上这三间。此事扯皮扯了很久，结果党委发出话来说，学部委员得了癌症，24 号重新分割的问题自然作罢了。

《礼记》说："爱而知其恶，憎而知其善，积而能散，安安而能迁。"这是儒家处人处事的道理，很合于辩证法。我们对待学部委员，也应该如此。他虽然在房子上不讲道理，对于公益事业却很热心，常做修桥补路之类的事。燕东园的马路有不少地方是经过他修整的。1972 年，我的岳母重病，家里缺少人手，就是这位学部委员帮我把老人从楼上通过又险又狭的小楼梯抬下来的。对于这件事，我们永远感激他。

此后又等了好几年，学校说，有一所公寓可以给我们。那里住着三家人，其中两家愿意搬走，另一家提出，必须在同一座楼里分一间房才能迁出。于是又等了好久。直到 1995 年 10 月 10 日，我们才告别了燕东园。我从 39 岁的青壮年在这里住到 82 岁的老年，这 43 年居住背阴房屋的结果，就是我们夫妇俩因长年不见阳光而缺钙，四条腿的股骨头都骨折过，还饶上一条小腿和一只手腕。

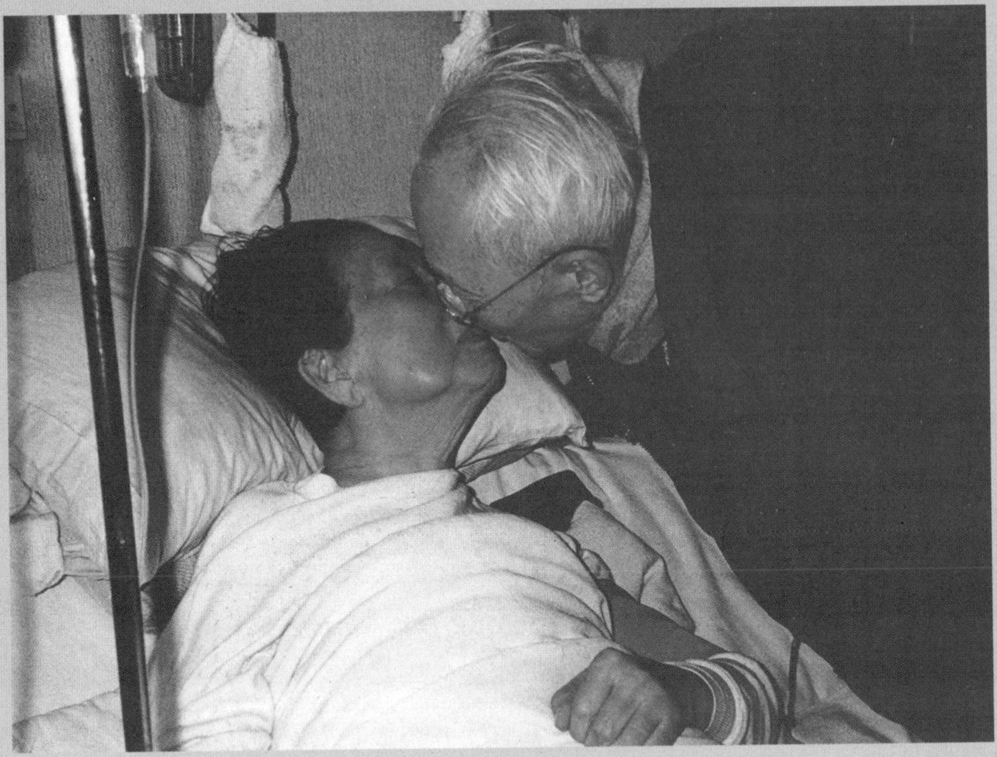

2000 年 2 月，依依惜别

十四　老伴舍我而去

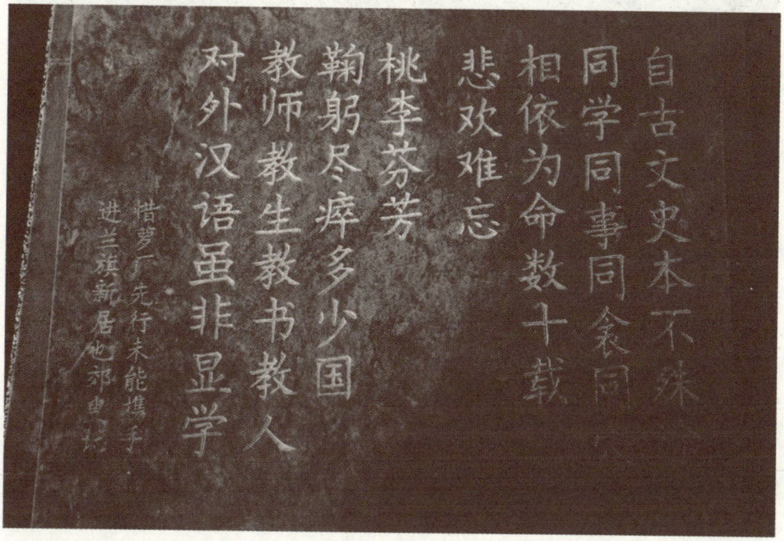

碑铭寄深情

1999 年 10 月 1 日，老伴邓懿大腿骨折，次日入院，手术虽获成功，但由此引起内科疾患，终致不起。下面这封信大致反映了其间经过。

启治、启康、小张：

非常感谢你们的电话。一直想写长信，左手畏缩不前。今启乾来京奔丧，口授由他代笔。

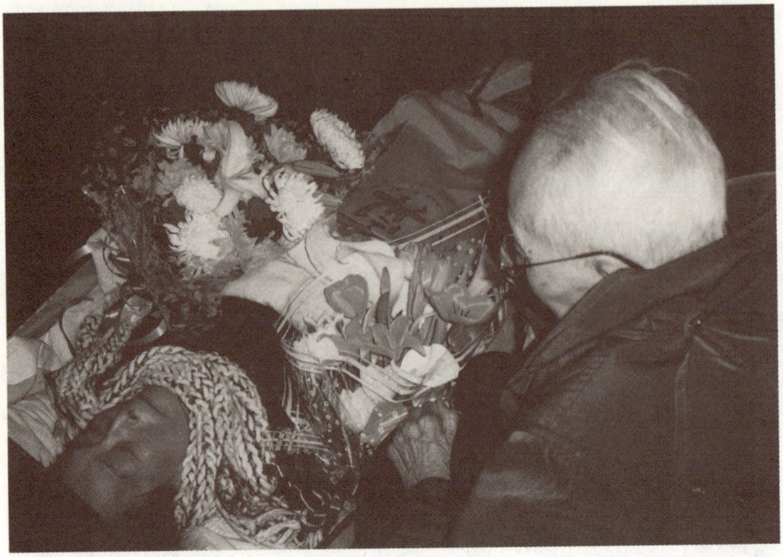

2000年2月25日北医三院，最后的告别

老伴终于2月23日走了。10月1日骨折，2日入院，7日手术，居然闯过十几小时的长时间全身麻醉，胜利成功。但各种毛病都随长期卧床而一起来了，肺炎、褥疮、心脏、血压、肾脏等等，由外科到内科最后到神经科，大发羊角风而去。因用好药如白蛋白等，中间暂时曾有好转，但只能勉强维持生命，而不能恢复健康，总的趋向仍呈下坡，癫痫尤其痛苦，许多地方咬破，口中出血，而神智则早已不清，既不大认识人，也不和人说话。

1月15日医院发出病危通知，奇怪的是中间有好转，病危了一个多月才结束生命。我们在病危通知之前已感觉不妙，加紧提前办理后事。启锐用一周时间调查了北京城内外公墓，如吴组缃、王瑶等人的墓地都在山中，地势很好，但价钱贵而路远。他最后找到西静园即东北义园，价格也便宜，二人0.86平方米，共需二万元，遂决定购此地。他年贤甥等入京，只鸡斗酒吊老舅时，亦不难找到也。一笑。

我当初以唯物论者自命，根本不打算要骨灰。后来才知道，反正得把骨灰拿回家再设法处理。近写《钻石婚杂忆》小文，心想也不必那么唯物了，有点儿人情味也不错，就在1月8日前后买妥土地，并详告老伴。那时她似乎还听得懂话，对她一定是个大安慰。

地买好后，当即树碑，文曰："泰山情侣周一良、邓懿之墓。""泰山情侣"四字原有两意：一、美国电影名，电影中英雄即叫泰山。二、同学戏以此比喻我们。这次写碑又想到第三个意思，《日知录》卷三〇有一条"泰山治鬼"，说后汉三国时中国人认为死者魂归泰山。三国刘桢诗说，"常恐游岱宗，不复见故人"，应璩诗亦云："年命在桑榆，东岳与我期。"这是第三个意思。张衍田同志在听我说时补充了一句：泰山还有坚牢、稳固不变的意思。因此，"泰山情侣"四字有四重意义也。

我还诌了一副对联："自古文史本不殊途，同学同事同衾同穴，相依为命，几十载悲欢难忘；对外汉语原非显学，教师教生教书教人，鞠躬尽瘁，多少国桃李芬芳。"[①] 后有小字注云："惜萝庵先行，未能携手进蓝旗新居也。郊叟志。"（我曾一度以"某教授"作为代号见称，因戏以谐音为号。）"对外汉语"四字很难对，这里勉强凑合。老伴对这门学科非常热爱，应该说是奠基人之一。初在清华开班时，她先招聘了当时几位大学毕业生，先训练他们如何教法，然后才招外国学生入学。几年结业后，学生分别入了北大文科各系，他们的准确发音、熟练语法受到各系好评。在这几年教学基础上，她撰写了中国第一部教外国人用的汉语教科书，译成多国文字，由商务印书馆发行，但是出版时有意删去了主编者邓懿的名字。两年以后，以社会关系复杂不宜接触外国人为理由，邓懿被调离中国语文班，到西语系教英语。她当然不愿离开她所热爱的工作，同时当然是服从分配。在西语系教学中，她仍然是严格要求、热情帮助，受到学生的爱戴。而同事们竟然不知道她是国文系毕业，以为她就是学英文的。这样经过 22 年，幸亏主持文科工作的副校长朱德熙同志力主把她调回对外汉语中心。这时她已年逾七十，理应退休，但领导这一改正错误的英明决定，使她奋发鼓舞，与她 50 年代以来的亲密老战友熊毅同志以及其他两位同志分秒必争地在 1958 年汉语教科书的基础上又主编了一部《初级汉语教程》。这部书比前者有很大提高，例如语法结构和单词出现的先后次序，

① 原拟作"先同学，后同事，既同衾，又同穴"，下联是"先教师，后教生，既教书，又教人"。后因嫌累赘而省略。

永远的思念——2000年5月召开追思会

都仔细琢磨考虑，更加科学，便于应用。此书获得国家一等奖，日本、韩国购买了版权，目前欧美亚洲各国普遍使用它，得到一致公认。这样，邓懿在事业上完成了她的心愿。家庭方面，子女男婚女嫁各有成就。所以我相信她是坦然无所牵挂地离开了人世。如果说她有点遗憾的话，那就是已经两岁多，近在天津的头一个第四代——外曾孙始终未得见面。

大舅

2000年2月26日

2000年2月23日，相识67年、结婚62年的老伴终于走了。25日早6时30分，遗体从北医三院出发，7时30分到达八宝山。她平生最喜欢马蹄莲，结婚时，新娘自己设计的花束，就完全是用这种花做成的。从前北京花卉很少，60年来，她没有见到过几次马蹄莲。这次火化前，启锐买了50枝马蹄莲，把花瓣拆下来，洒满全身，一起焚化。这应该是最好的为她送别的方式。10时取骨灰，11时到达西静园，12时安葬完毕。

我想，老伴和我都会坦然安心而去，无所牵挂，一是子女们男婚女嫁；二是自己主要要做的事情已经做完。当然，我还有几件事情要做：一、辑录大方先生的对联，此事如现在不做，以后恐怕无人有兴趣更无条件搞。二、写几篇文章——关于我的岳父邓守瑕先生、40年代哈佛大学中国留学生中的“三杰”、吴雨僧先生和周氏兄弟姊妹。三、翻译比新井白石只差两岁的山本常朝的《叶隐集》①。这是一部讲武士道的书，可与白石的自传相配合。

当年我曾与谭其骧、唐长孺等好友戏言，当今海峡两岸的哲人如梁漱溟、冯友兰、钱穆等都活到95岁，谭公当即大笑说：“我们都争取九五之尊吧。”可惜他们两位都没有成功。我现在想也“再拜陈三愿”：一、愿活到95；二、愿病危住院不超过十天，一礼拜就打住；三、愿神明不衰，直到呼吸停止。

2000年2月29日初稿

4月修改增补

刘浦江同志笔录整理，耐心从事，助我实多，感激之情匪可言喻也。

2000年12月至2001年1月再次修订增补，笔录者历史系研究生姚宏杰、刘聪、顾江龙、李昭君合志感谢，周启博2001年2月自美返京，休假10天，协助整理卧室兼书斋之图书，并笔录追加之增补部分。而厘定章节，统一体例，总其成者，周启乾也。

2001年2月米寿老人

周一良记于蓝旗营新居

① 周一良先生翻译《叶隐集》约三分之一篇幅，可惜天不增寿，未及完成全文。——编者注。

2000 年的清明节——西静园墓地

附录

记昆明萧氏事及其旧藏文物（增订稿）

一

昆明萧氏，余之外家也。外曾祖父质斋先生，生于嘉庆二十二年（1817），卒于同治十三年（1874）。倪维钦等辑《（续修）昆明县志》有传：

萧培元，原名培英，字质斋，咸丰壬子二年（1852）进士，选翰林院庶吉士。既散馆，授编修，升詹事府赞善。简放山东济南知府，擢济东泰武临道，署按察使，赏戴花翎。所至整躬率属，训士爱民……兼综军需局务，当事欲借资民力，培元宛转敷陈，卒寝其议。河防戒严，督工筑大清河北岸九百余里，以资捍御。岁饥，出赈东平、齐东、济阳、临邑等处，皆据户籍散赈，规划井井有条。徒骇河频年为害，培元浚之，患遂息。巡抚丁宝桢保奏，得旨赏给二品顶戴。以藩库应领银四千两捐修文庙及闵子祠墓；于府属十六州县，每县捐俸，置义学二区。大兵后，穷民窘迫，恒弃小儿于道路，为设育婴处，捐施棉衣，量口给食，全济甚众。卒于官。光绪元年（1875），入祀山东名宦祠。著有《思过斋诗钞》十二卷行世。子应椿，光绪癸卯二十九年（1903）经济特科钦取二等第七名[①]。

龙云等《新纂云南通志》关于质斋先生家世及其由手工工匠发奋读书，学而优则仕之经过，叙述较详：

萧培元，原名培英，字钟之，号质斋，昆明人。先世由抚州移金陵。迁滇祖曰让。明洪武初，以千户随傅友德南征，因家昆明。培元颖敏好学，七岁入塾，十一而四书九经毕。顾家贫甚，又三岁丧母，十三丧父，兄维新早已弃儒业贾。培元年十四，命亦学贾，在贾肆不废夜读。至十七，乃发奋曰："书云，作奇技淫巧，以悦妇人，此岂我所宜为！"盖所习造钗珥业也。因请于兄，得复读。其叔母孀居，与共一灯，书声机声相和答，每至夜分不息。弱冠补县学生。道光己亥十九年（1839），年二十四，举乡试第一。以贫故，座主挈之赴京。二十九考取国子监学正。三十四补国子监广业堂学正。曾六试春闱，均荐而不售。咸丰壬子二年（1852）始及第，入翰林为庶吉士。既散馆，授编修。文谦督办天津团练，培元襄营务……以詹事府赞善用，充功臣馆纂修官，并纂修实录。又屡充会试同考官，得人称盛焉。殆授山东济南知府，年四十七矣……兼综军械局务督办，力用无缺。或议加市商厘捐，培元宛转敷陈，卒寝其议。其他若平冤狱，广义塾，收弃儿等，亦多善政。旋署济东泰武临道，值河防戒严，督工修大清河北岸九百余里，以资捍御。岁饥，出赈东平、齐东、济阳、临邑等处，皆据户籍散赈，规划井井。徒骇河频年为害，设法浚之，患遂息。十年以内，治效彰彰矣。年五十八，署按察使，襄试武闱，得疾而卒。培元力学，曾手钞左传国语国策与秦汉唐宋元明各大家文，两汉六朝各家赋，唐诗选，名曰舟车便览。善为诗，有《思过斋诗钞》十二卷。光绪元年（1875）入祀山东名宦祠。子应椿，能世其学，中袁嘉谷榜经济特科[②]。

① 倪维钦等《（续修）昆明县志》卷四《人物志二·宦列传》。此条承阎步克同志代检。

② 龙云等《新纂云南通志》卷二百《列传》十二《萧培元传》。此条承朱桂昌同志代检。

质斋先生《思过斋诗钞》卷首有匡源序[1]。匡源，山东胶州人，官吏部侍郎，入值军机。《清史稿》称其“谦退无所建白”，肃顺败后罢官。家清贫，主讲济南泺源书院，序即作于此时。序中云：“诗凡九集：曰磨砚，曰南游，曰梯航，皆其公车往来游历山水之作也。曰金台，曰槐市，曰木天，曰芝坊，皆其留都夏课及供职太学翰詹之作也。曰骢辔，曰豸绣，是为守济南及观察任内近作。境凡三易，而诗亦随之。读励志诸诗，可知其志学之正。读遣兴诸诗，可识其处境之恬。至壬戌以后诸诗，尤于民生休戚倦倦三致意焉。可见其居心之厚，言为心声，一出于正大和平，无靡曼佻薄之气，故曰诗可以道性情也。”又有同乡毕应辰序[2]，引质斋之言曰：“吾之诗所以不敢有所模拟剽窃，聊以存吾之真也。”毕序又曰：“读其诗则伉爽有风骨，深厚有性情，诗工矣而不以诗人自命，则志量之宏，近乎道矣。”今读其诗，与质斋先生自称及诸家评论，颇相符会。如卷六《家祭感怀》诗云：

昨日报登科，今朝祭祢祖。哀哀劬劳恩，罔极未寸补。嗟予生不孝，少小失恃怙。三岁背慈亲，十二丧严父。弱龄何所依，有兄原善贾。零丁两相依，饘粥不辞苦。忽尔思读书，弃商攻学圃。水想蛟龙腾，云企凤凰舞。芝草本无根，醴英岂有谱。自谓人有志，何必论门户。兄也嘉其言，勉力供修脯。廿岁冠童军，献赋重学古。廿四领乡荐，弁冕十三府。（原注：滇省计十三府）鞍马赴京华，风云会龙虎。所思在显扬，岂徒豪慕朊。不料时命乖，坎坷难悉数。七战捷礼闱，岁逾三十五。嗟哉通籍时，亲颜杳难睹。有力供旨甘，无地瞻屺岵。

自道光十九年至咸丰二年凡十二年而云七赴礼闱，盖有恩科三次，壬子会试即恩科也。又如，卷九《东平督赈感赋诗》云：“辗转放赈时，

① 此书承朱宪同志从校外借得，并代复制。

② 毕应辰《悔斋诗稿》有赠质斋先生诗一首。

流亡日已久。凭册以赈之，有籍人在否。况或庸吏多，假之蠹胥手。实惠即到民，十室或一受。哀哉浩荡恩，尽为侵渔薮。……”所赋诗可以与督赈之作风相印证。又如卷十《舆中吟》云：

饥种一顷豆，寒种一顷棉。豆熟子离离，棉实颗圆圆。豆花垂篱畔，有谁羡鲜妍？棉花落陇上，有孰深矜怜？吁嗟，人爱群芳谱，豆花棉花焉足数！牡丹为花王，兰花为香祖。芍药画省仙，芙蓉锦城主。香色虽逾恒，冻馁无所补。棉可织，豆可煮，煮豆织棉衣食充，野无哀鸿郊无鼠。我爱豆花与棉花，能救万民饥寒苦。

亲民之官，不爱兰花与牡丹，而爱豆花与棉花，此种感情与劳动人民相近，在统治阶级中殊为难得也。又如，卷十《有所见》诗云：

客军有显官，雕梁拥华屋。宝马跨金鞍，香车驰玉轴。缀顶耸貂冠，章身著绣服。驺从数十人，趋尘前后逐。一呼百诺应，官吏如奴仆。何德与何功，享此无妄福。忆守河干时，泊舟傍堤宿。舟中何所有，粉白与黛绿。夜深贼劫营，突围逾平陆。蹂躏遍东邦，民生无完族。大帅雷霆怒，几难逃显戮。股栗伏辕门，褫职归统属。贼平帅怒平，怒平爱更笃。飞章保名将，原官请开复。屡败免刑章，一胜登荐牍。又将旧技施，不感新恩沐。统领一万人，分成定四六。四成肥私囊，六成为部曲。部曲六千人，数以一万录。一月余数千，一年数万足。数年数十万，视之如土木。一饭中人产，一筵百人禄。穷民竭脂膏，富弁恣口腹。见民肆虎威，见贼甘鼠伏。借问此为谁，军门某提督。

此诗刻画贪污将弁，嬉笑怒骂，入木三分，殊不多见。

二

《云南通志》传中称质斋先生“又屡充会试同考官，得人称盛焉”。先父曾购得质斋先生“己未春闱唱和”及“辛酉秋闱集字”二轴[①]，可以与传中所云相印证。己未相当于咸丰九年（1859），与质斋唱和者为沈兆霖及赵光，二人《清史列传》及《清史稿》皆有传。沈兆霖，浙江钱塘人，道光十六年进士，官至陕甘总督，因山水暴发，溺死于旅途中，谥“文忠”。赵光，云南昆明人，嘉庆二十五年进士，官至刑部尚书，谥“文恪”。《清史列传》二人本传皆称咸丰九年充会试副考官。

横幅首为赵光所题诗，题云“春闱即事用壁间明王衷百先生韵叠赋二首”。诗中有句云：“忝陪太傅探文薮，喜共名卿校艺林。”自注云：“恩命芸台相国为正考官，光偕朗亭少农、魏卿少空副之。”据王家相所撰《清秘述闻续》卷六，咸丰九年己未科会试，考官为：

内阁大学士贾桢字筠堂，山东黄县人，丙戌进士。刑部尚书赵光字蓉舫，云南昆明人，庚辰进士。户部侍郎沈兆霖字朗亭，浙江钱塘人，丙申进士。工部侍郎成琦字魏卿，满洲正黄旗人，庚戌进士[②]。

即注中所列诸人也。“得人称盛”之语，其具体内容不详，然己未科状元孙家鼐、探花李文田，以后皆成名人，已可见“称盛”之一斑也。赵光第三首题称“朗亭见和拙句再用前韵奉酬”，最后署称“质斋仁兄大人吟正里言猥承赐和愧不敢当耳，蓉舫弟赵光”。

其次为沈兆霖诗，题云“蓉舫前辈以和试院壁间明王衷百韵诗见示谨次元韵”。诗之末句云“未改冰壶一片心”，注称“道光己亥典试滇南，诗题为‘一片冰心在玉壶’”，亦与《清秘述闻续》所载相符合。沈兆霖又一首题云“蓉舫前辈又以叠前韵诗见示再依韵奉和”，诗末题

① 童年曾在先父案头见一册页，上有“滇南萧培元祐工至此”云云观款一行，册页内容已无印象。

② 《清秘述闻续》前六卷为王家相所撰，卷七至卷十六为钱维福所撰。此条材料承尚小明同志见告。

“己未五月录应质斋贤弟宫赞雅属即希鉴正，钱塘沈兆霖草稿”。

沈氏诗后为张之万画茅亭山水，款题“质斋仁兄年大人正画，弟张之万”。画之左上首有质斋诗一首，云：“梧竹萧疏断岸秋，远山青翠带江流。清闲老屋人踪少，野水芦花孤泊舟。”诗末题“己未春闱揭晓前一日，张子青前辈以小帧见赠，谨依景赋之，质斋书”。张之万与质斋先生皆用蓝笔。据赵光《赵文恪公自订年谱》称，咸丰九年己未，奉旨会试，任副考官，同考官名单中有张之万、萧培元，故二人皆用蓝笔。

张之万画后，为质斋先生和沈兆霖及赵光诗。和沈兆霖诗题云“闱中奉和沈朗亭师步聚奎堂原韵”，其第二首首句云“师言时懔玉壶深”。注云：“道光□□，师典试滇南，诗题为‘一片冰心在玉壶’，擢元榜首，刊闱卷时诗题点‘在’字，师代改句云‘清在玉壶深’。”沈兆霖《沈文忠公自订年谱》道光十九年条云：“五月充云南乡试副考官，正考官为和兰庄淳，时官翰林院侍读。得士萧培元等五十四人。十二月回京。”第二首末句又云“渊源终不负冰心”，亦指此事。注云：“元卷为先生所拔。”

质斋先生“闱中奉和赵蓉舫大司寇步聚奎堂原韵”第一首第四句云“日上梧冈凤在林”。注云：“元卷为先生所拔。”盖指质斋先生所荐之卷，为赵光最后决定去取。第五句云“哲匠共推冰镜朗，遗珍肯使海珠沉”，第二首云：“奇珍学网珊瑚树，佳植勤搜杞梓林。雀燕权衡严弃取，鱼龙变化叹升沉。自惭管见窥难遍（注：计荐卷六十二本，堂批取中十□卷，挑取誊录二卷，备中八卷），惟有冰渊励寸心。”亦说明质斋先生所荐之卷，最后由赵光确定去取也。第二首首句云“桑梓仪型感佩深”，则指赵光亦为云南昆明人。

横幅最后题云“己未春闱四月朔六日书于会经堂之东庑质斋氏甫稿”。

闱中所书两横幅之外，先父同时购得沈兆霖书黄庭坚七言古诗四首横幅，题云“质斋年兄大雅清玩朗亭沈兆霖”。沈氏文集十卷除杂文、奏议之外，有诗词、骈文等，可知其人颇有文采，其书法亦秀逸有致。质斋先生和诗中具见知遇之感。同治七年钱保塘刊刻《沈文忠公集》时，记所任出资者，首为“潘侍郎师祖荫”，次即“萧观察培元”，颇疑《云南通志》质斋先生传中所谓“以贫故，座主挈之赴京”，即指沈氏而言也。又有一事值得注意者，即沈、赵、萧三人皆有诗集，而闱中所唱和诗皆不见集中，盖目为闱中临时表态之作，不足传之久远也。

先父所得质斋先生藏另一横幅，题云“辛酉秋闱集字”，“辛酉”即咸丰十一年，公元1861年。据钱维福所撰《清秘述闻续》卷十五“同考官”类云：

> 咸丰十一年辛酉科顺天乡试：侍讲杜联，庚戌进士；侍讲宗室瑞联，癸丑进士；中允常恩，庚戌进士；赞善萧培元，壬子进士；修撰钟骏声，庚申进士；编修宗室延煦，丙辰进士；编修夏献馨，丙辰进士；编修蒋彬蔚，丙辰进士；编修欧阳保极，庚申进士；检讨董文焕，丙辰进士；内阁侍读学士贺寿慈，辛丑进士；吏科给事中谢增，庚戌进士；吏科给事中吴焯，庚戌进士；户科给事中郭祥瑞，丁未进士；御史董元醇，壬子进士；御史杨荣绪，癸丑进士；御史薛春藜，癸丑进士；刑部员外郎胡家玉，辛丑进士。

盖以官位高下排列顺序，官位相同者，则以科第先后为序。横幅开始有王宪成及另一人题字，原件模糊不清，疑此纸曾作别用。其下则除质斋先生外，皆同考官之十七人也。横幅题字诸人次序不依名单先后为序，尊贵者在先，如宗室瑞联居首，而御史董元醇居末。董元醇者，即同治即位之初，献媚于西太后，奏请垂帘听政之人也[①]。亡弟珏良曾藏一扇，

① 董元醇上疏请慈禧垂帘听政之事，一般认为必有所授，而不知是谁指使。黄濬《花随人圣庵摭忆补篇》谓董为周祖培门生，其事乃显。周为肃之政敌，黄引李慈铭《日记》，谓周嘱李辑历史上贤明皇后事，更足为证。亡友邵循正教授以为董元醇即董醇，恽宝惠辨其非是。董元醇籍河南，而董醇则江苏甘泉人也。董醇后改名恂，避穆宗载淳嫌名之讳。董元醇后亦改名，当由同一原因。元醇清史无传，而此处竟留其署名，亦云巧矣。

为光绪六年（1880）庚辰科会试翁同龢任副主考时，同考官十八人所写。据《清秘述闻续》卷十六所列名单，十八人为庶子王先谦，中允裕德，修撰陆润庠，然后编修十三人，内阁侍读学士一人，宗人府主事一人。书扇时次序与名单无关，然亦大体上尊贵者在前，而官职较低者居末也。

翰林间称谓问题，诸书记载，颇有歧异。梁章钜《称谓录》卷三十二“后学”条云：“翰林前辈在十三科上者，后辈于联幅札启署款自称后学。”阮葵生《茶余客话》卷一云：“内阁翰詹科道吏礼二部，皆按科分叙前后辈，终其身不异，不以官职、年齿为低昂。”又，卷二云：“乾隆壬戌以前，翰林前辈称曰‘老先生’。乙丑以后，间有称前辈者，近则内阁、都察院、吏礼二部无不称前辈。”福格《听雨丛谈》卷一“先后辈旧寅”条云“今内阁、翰林院、礼部、都察院，论前后辈之礼最谨，虽官到九列，亦必呼先达为老前辈，按科分自称晚生、学生。御史曰总宪，副宪曰台长，自称学生，官贵后则改称晚生，终身不易。”商衍鎏《清代科举考试述录》云：“又翰林最重前辈，凡先本人在七科以上入翰林者，称大前辈，亦曰老前辈，自称晚生，而七科前之翰林对于后辈称之曰馆丈，则实不解其意之所在。先本人入翰林在七科以内者，自称侍生，后辈拜见前辈之名帖皆用白。”《中和月刊》第四卷第九、十合期有蛾子《食跖论》一文，引《翰林仪品记》云：“翰林最重前辈。一科至七科称前辈，自称学生，名次亦然，七科以上，自称晚生。十三科以上称大前辈，自称如前。”1991 年出版韩省之主编之《称谓大辞典》“前辈”条云：“清朝翰林称比自己早三科进翰林院者为前辈，早五科进翰林院者为老前辈。”诸书所记皆互相歧异，似商氏所云较有理据①，而事实亦不尽然。如瑞联、董文焕、常恩、钟骏声、欧阳保极、延煦、蒋彬蔚、薛春藜、杨荣绪皆称质斋先生为老前辈，而钟骏声及欧

① 以上诸条皆由尚小明同志及景良弟检视。

阳保极皆后于质斋先生四科，薛春藜仅晚一科。翁氏扇则王先谦、龚履中、王祖光、鲍临、韩文钧、袁善，皆称老前辈，而自称晚或者晚生。大约时至晚清，无论相隔几科，皆不称前辈，而称老前辈，犹如大人之与老爷，本有区别，官高者称大人，官卑者称老爷，而到晚清一律称大人，盖皆有意尊重对方也。

又有不可解者，常恩，道光三十年进士，而称质斋先生老前辈，自称“侍常恩”。贺寿慈，道光二十一年进士，而称“质斋仁兄同年法家教正”。吴焯，道光三十年进士，而称“质斋仁兄年大人”，“年”字从何而来，皆俟考。

三

先外祖父绍庭先生（1854—1921）原名应椿，改名大庸，字绍庭，一字颟公，又号藤老人[①]。光绪二十九年（1903）中经济特科，是科取一等九人，二等十八人，萧应椿属二等第七人。见《清史稿·选举志》“制科”及郑孝胥光绪二十九年六月初六日《日记》。《日记》云；“此次经济特科覆试，列取一等之袁家谷、张一麐……，二等之冯善征……萧应椿……等，著于十〔六〕月初十日带领引见。”绍庭先生之事迹，见于徐金铭《六慎斋文存》卷三《萧绍庭观察墓志铭》，先述其仕宦经历：

景皇帝御极之二十八年，诏开经济特科，以延海内魁鸿奇伟之才，与宏治道，于是昆明萧公应椿用吏部侍郎张公荐在选中。明年，召试二等，给职道员，发往山东。盖公是时已以分省补用知府会办商务局矣。丙午（1906），遂领农工商务局事。胶济铁路既成，矿务与相表里，当事者次第

① 前引两种方志皆云质斋先生有一子，名应椿。然昆明萧芒同志著《丹青书香谱——中国一个汉族家庭实录》，云质斋先生有两子，长子名应奎，次子名应椿，应奎未参加乡试，应椿则中进士、点翰林，兄弟二人均在济南成家立业。不知萧芒同志何所依据，希读者参看。

设矿务调查局、胶济路矿局，以公兼综其事。而农工商部所置商务、矿务议员陈列所名誉赞助员，亦以公领之。先是会办商务局时，以陆文慎奏保命军机处存记。丁未（1907），东抚杨文敬以“才长学裕，沈毅有为，历办商政矿政交涉极为得力”入奏，复奉谕旨如前。戊申（1908），改农工商务局为劝业道，即以公补授焉。辛亥（1911）调安徽，旋改授奉天，莅任未半载擢提法使，甫中月又兼民政使，时宣统三年也。俄而逊位诏下，遂先一日洁身去。

然后叙其主要政绩云：

公自戊戌以后，感时念乱，锐意讲求经世之学，及以特科征，遭天子拔擢，疆吏委任之专，奋然思以其学验之。于事聚精会神，造端创始，物土而宜之，利用而化之，第其在官施设，虽古之才臣无以远过。一旦丁阳九百六之会，则又见几而作，不俟终日。去高官肬仕如脱屣然，然则公之经济固非趣时合变者所可同日语。而先皇帝求贤爱士之诚，得公一人可以无憾者矣。始沈阳京奉火车站距城远，当事者欲延之至城下，则日人辄尼之，然地固非日属也。公至，据理抗议，始建新站，商旅便焉。商会改选会长，相持日嚣，执两端以平之，事立解。度支司新改，粮商落地税则病其苛，力争得不行。是时武昌事起，而陪京根本重地，奸人环伺，日夜谋应之，总督赵尔巽倚公赞画如左右手，适有侦得其名籍者，众愈反侧。公以其速乱也说赵焚之，人情乃安。然公居奉天仅数月，筹画不尽施，而在山东日久，成劳亦最著，如设农会，奖种树，植美棉，劝土靛，究极工艺，训课蚕桑，其所规划踵为成法。而瑞安孙公宝琦抚东时，公奉檄争回矿权，其功尤伟。矿务公司者，德商所设也，因约章许以夹路三十里内矿产，遂于坊子、马庄两地开采，而我国人之开采者反阻遏之。至是磋议累月，仅以潍淄金岭镇所产归彼，而胶济、津浦、胶沂三路凡旧约所许者尽捐弃之。盖公忠实之心诚信于远人，故得用口舌之劳返积重之势，而主客之形自此稍稍易矣。先是尊甫光禄公宦山左有遗爱，公幼即随侍任所，名言实政皆饫闻而亲见之。及为劝业道也，諭人有以抽收房捐进言于大府者，大府意向之，公以为省城多细民，恃数椽为活者十室而九，若此是朘其生也，毅然陈其不可。事寝语所亲曰："同治间军兴，库币绌，议榷商，先大夫时守济南，谓榷商必病民，诵言争之，议罢而寇亦定。夫榷商犹病民，况税及间架乎！不言惧无以承先志也。"呜呼！君父一也，惟不忘父乃不忘君，公之保晚节而克终令名，岂偶然哉！岂偶然哉！

最后记绍庭先生轶事及爱好：

公字绍庭，别号颧公，国变后改名大庸。光绪癸巳恩科举人，甲午挑取誊录。少承家学，工书及诗。书由欧阳信本以窥江夏之室。诗喜黄仲则。晚年峥嵘萧瑟，变而益遒。喜雠书，精鉴别，手校《野客丛书》、《能改斋漫录》数种，拟次第刊行之，已刊者有钱氏《小儿药证直诀》。又选所藏宋元以来名迹，为清群簃书画录，草创未就。论事有远见，不囿于俗。庚子拳祸初作，即斥为乱民，殆和议成，赔款限五十年分次递缴，公以为惮悉索之艰，而举倍称之息是虑，一盂之竭，更为三盂以待之，非计也。作筹还兵费议以谂当局，识者韪之。性笃挚乐善，遇水旱灾荒交旧贫乏，振贷无吝色。庚申以事至京师，适八旗募设贫民工厂，倾橐助之，事闻赏头品顶戴。而持身廉介，处脂膏之地，禄入外一不以自污。项城袁氏在东抚任，或以肥己谮公[①]，廉之无纤毫私，慰勉有加。当官恢恢持大体，然至闾阎疾苦风教善败所关，虽细不敢忽。向例质库息钱，冬季赎者只纳其半，所以恤穷黎也。商人请收其全，大府既许之矣，公白罢之，仍照向例。商埠开，奸利日滋，优者杂妖童媛女为淫戏，公以其溃男女之防也，会商巡警道严禁之。凡此皆公政事之余然东人士至今乐传道之，故亦不得而略也。公自辛亥罢官越十一年，壬戌卒于济南寓舍，年六十七。

---

① 中国社会科学院《近代史资料》编辑部主编之《民国人物碑传集》收录此文，"谮"字误为"赞"字，意义相反，遂不可解。诗存有题张邻予先生行实长句，注云"代萧大庸作"。又有"七夕后五日明湖玩月记"，云"己未七夕后五日，从吾师买舟往游"，文末云"明日余以是说质之于师，师曰乃之言然，爰退而为之记"。所谓师者疑皆指绍庭先生。萧张师弟关系之密，盖可见矣。

民国时孙念希著《明湖客影录》，记载清末光宣之际济南名士轶事，其中有萧应椿，称：

山东道员萧应椿……亦喜风雅，亲士类。……尝为山东劝业道，当时道署所致良椽，如邵介眉、萧龙友、沈梦久之流，亦殊矫矫。后转辽为某司使。国变后，自号大庸。书法工拟北海，济南多得之者。

《客影录》最后载有“留东住民公会附设游艺部专任部员姓名”，其诗学专攻、真行书专攻、书籍字画金石碑帖专攻、琴曲专攻、昆曲专攻诸门类，皆有萧应椿之名，足见绍庭先生当时多才多艺，多所嗜好也。

关于盐务起家及紫藤花馆所藏字画、碑帖，王绍曾先生《山东藏书家史略》前有年已八十，自署“济南布衣张景栻”之序，序云：

昆明人萧绍庭应椿……父萧质斋培元……官山东按察使，因家济南，居蕃安巷（原幡竿巷）。绍庭官道尹，兼以盐务起家。其紫藤花馆所藏书画多宋元名迹，碑帖亦有精品。书籍明刊本颇多，即清刻本亦皆初印精好者。闻其宋元本藏于壁中，秘不示人，屋漏壁湿，尽霉烂焉。其书散出，亦多归贡贾（指贡姓书商）。

先父曾购得绍庭先生藏书印五方，余已转归浣桐表妹为纪念，并将印拓寄赠上海林申清先生，俟其《中国藏书家印鉴》再版时补入。1998年8月，兰州大学赵俪生教授得知余与绍庭先生之关系，赐书见告，云在山东时，经常与书贾来往，从绍庭先生家购得不少线装书籍，其中有《渔洋四十八种》之类较难得者。然而，绍庭先生藏书详细情况，因无记录，已完全不可晓矣。

关于绍庭先生所藏书画及碑帖，尚有可记。徐金铭《六慎斋文存》有“为萧绍庭师题魏敏果公手迹册子”一文，称“向尝读魏敏果《寒松堂集》，风节佼佼，俨然以道学自任……此册乃吾师绍庭先生宣统纪元后九年岁次戊午得之燕都厂肆者。吾师国变后挂冠归隐济上，清风高节与先生旷世相感，获此手迹良非偶然，而册中零篇賸稿，其事实尤足与谢山所作表互相证明，且有表所未详，赖此册得以考见者。阅时几三百年而纸墨完好，可资尚论，此“殆有鬼神呵护之矣”。文末又称：“岁己未，吾师出此命题，属有饥乏之念，反复展玩，不觉爽然若失，虽不能至心向往之矣，独惜不得谢山其人者，相与一二考索，而论定之耳。”《明湖载酒二集》载有姚鹏图诗一首，题云“程鱼门先生读书秋树根图庚寅初冬华吉崖冠写照钱稼轩（维城）补图为昆明萧绍庭太守应椿题”。诗云：

滇南萧子得画像，焚香再拜重题钤。行年四十举孝廉，咄哉生计困鱼盐。前身已觉彭泽似，三毫不用虎头添。囊橐日空书日富（注：用随园语），前贤二妙君能兼。词客有灵应大笑，如此后进我无嫌。虚左待君三百年，文章香火同萝龛。写真亟求将军霸，毋令此座他人参。

程晋芳，字鱼门[①]，清乾隆时学者，参加纂修《四库全书》。画家华冠，号吉崖，江苏无锡人，工写照，以白描擅长，高宗南巡，写御容，赏赉优渥。钱维城，号稼轩，江苏武进人，乾隆时状元，供奉内廷，为画苑领袖。绍庭先生内侄董大年，字眉叔，有《冬青室诗钞》[②]，其中有“题石铫图”一首，注云：“图为萧颙公姑丈所藏。”诗云：

颙翁昔藏石铫图，得之济南岁庚子。画者山人罗两峰，题者苏斋老学士。画工临摹旧擅名，墨沈淋漓满藤纸。因思好古水村翁，初写真图果何似。人海茫茫谁能寻，耿耿此心终未已。不期今春作北游，竟获此图旧都市。始

① 墓志铭铭文有云：“闻公在时喜以程鱼门自况，今其殁年亦如之，而应物干翮似又出其上。”

② 眉叔先生与先父为至交，诗钞中有怀先父诗四首，情真而意切。如《答叔弢》云：“寄我新诗箧内存，一回展读一消魂。极天烽火家何在，满纸沧桑泪有痕。似此交情真骨肉，从无片语到寒温。久迟作答君应谅，心事年来不可论。”袁寒云丁卯日记4月12日：“伯华邀饮，晤董眉叔。眉叔集语，嘱为写联帖，语曰：‘修八尺有余，饮一石亦醉。’”

知水村振奇人，爱兹石铫珍无比。物归天府不胜情，为貌真形赠知己。画笔有神题句豪，较量双图信双美。异哉事隔十余年，地又相去千余里。居然宝剑合延津，翰墨因缘非偶矣。瘠寐诚求愿即偿，即此感通悟真理。……

由此可知，绍庭先生收藏特点盖在明末清初之珍品也。

先父每遇文物之与亲戚故旧有渊源者，必重金购藏以为纪念。1946年6月购书账中有“云麾碑二部　庆云二本，卫景武公碑　庆云一本，欧阳询小楷帖　庆云一本，缂丝麻姑　庆云一轴，共五件，金一两，合廿一万元，现五万元。”[①]“廿一万元”盖指伪币，“现五万元”则国民党之国币也。云麾碑二本下补注云“给一良”，因余是年10月自美归国，即以见赐，以纪念外祖父也。亡弟珏良好书法，喜藏碑帖，余因以赠之。珏良谢世后，弟妇方缃因余有纪念意义，慨然以此二碑见还。绍庭先生所藏此二碑拓本，一题宋拓，一题旧拓，以示区别。外甥孙启治在上海图书馆整理研究碑帖，据云，云麾碑为李邕所书《李思训碑》，自来研究者甚众。《李思训碑》存世拓本不少。据历来考据者之经验，首行“李府君神道碑并序”之“并序”二字如不损，则可能为宋拓。而“精虑众艺”之“艺”字如完好，尤为难得。今检颛公所拓本，“并序”二字，清晰可辨，“艺”字亦隐约可识，大约为宋拓无疑。如明拓本则“并序”二字已损，而“魏国夫人窦氏”之“国”字与“窦”字完好无缺。以此标准检验第二拓本，盖明拓也。据启治云，所见此碑拓本约数十种，皆明以后者，则颛公所藏两拓本皆足珍贵矣。

四

绍庭先生一子三女。子名莹，先娶赵氏，赵尔巽之弟赵尔萃之女

---

① 见《弢翁藏书年谱》。

也。尔萃亦喜文物，与绍庭先生有同好焉[①]。赵氏夫人逝后，续娶山东董氏夫人，生二女。长浣竹，适杨允孙（友梅）。次浣薇，适何克昌（绍文）。董夫人又逝，续娶保定郭氏夫人，生三女浣桐，适朱宝璋，今皆垂垂老矣。舅父殁于 1921 年，外祖父痛子心切，亦于是年逝世。舅母过继族人庆锬为嗣。外祖父有三女，长适黄姓，善绘画，余曾藏有上款为“三妹拂暑”之团扇，绘有山水，盖赠余母者。藏之数十年，文化革命中破“四旧”时，亲手撕毁。其子黄荦字立孙，相貌奇特，亦善画，尤工山水[②]。外祖父次女适朱耀旭初，奉系军阀时，任津浦铁路局长。其三女名婉，字逸楣[③]，适周暹叔弢，即余亡母也，据云长余父三岁。1913 年 1 月 19 日，即旧历壬子年十二月十三日生余后即急病逝世，余生而为无母之人矣。每念及此，辄低徊抑郁，不能自已。因生我而丧青年之生命。婴儿本身当时亦几未成活，孰意最后竟达耄耋之年，卓然有所树立。儿媳邓懿亦大学教授。子孙繁衍昌盛，各有专长。吾母有知，当亦含笑九泉也。

此文承尚小明同志整理笔录，谨致感谢

1999 年 5 月 26 日写完，2000 年 7 月 18 日增订完，

周一良记于北京大学朗润园

① 此据赵珩同志检赵氏家谱见告。赵尔萃字公庆，创办山东工艺局，精于书画鉴藏，所撰书画题跋甚多，至今泰山留其题咏多处。萧、赵两家关系似甚密切，回忆儿时探视外祖母，常见赵次珊先生晚年所得之子名天赐者，在萧家游戏，后为张学良妹婿，今在美国。

② 此条景良弟从《中国美术家人名辞典》检得，出处为《友声画人录》。

③ 遗留印章“楣”作“眉”。

南皮张潞雪墓志铭

周 云

君讳焘，字潞雪，直隶南皮县人，筱帆中丞仲子也。通毛诗、三礼、《春秋左氏传》，尤善讲说，能鼓舞下愚。中丞公故以清廉有称，既薨，家无余资，君乃授徒以自存。余兄叔弢耳君才，延课诸子，于是蒙童咸能知书之乐，不苦其难，为文辞达意矣。方君授学之始，人多嗟惜，以为大臣子乃拥寒毡与群童伍耶，君则安之若儒素。呜呼，富贵人所欲也，然求之不以道，适足以贾祸，君之甘居寂寞者，盖有待耳。乃厥志未伸，遽捐馆舍，而著书未成，又无以显于后，此则朋辈欷嘘不能已焉者也。君性和易，座客常满，侪偶有过，辄寓规戒于谈笑间，使人知改过之乐。卒之夕，陨涕者、太息者蛾聚一堂，达旦不忍去，可见君得人之深矣。君卒于乙丑年十二月二十五日，春秋二十有八。配某氏，子男一，孙绳。建德周云尝从君学为古文辞，知君最稔，为之铭曰：

君墓我铭，曩有戏言。昔言竟践，坠泪伴泉。人谁无死，于君为夭。寿则云夭，家风克绍。善不当世，厥后必昌。镌石埋幽，用告茫茫。

张潞雪遗札跋

周　云

余既铭潞雪墓，复装潢其遗札，与删削余所为文，而志厥后。今刘君伯明又集其所得潞雪书数纸，由青岛寄余跋尾。呜呼，以晨夕晤对之契友，乃一旦逝去，不可复见，宜伯明有悲叹不能已者。悲叹不已则思所以彰之之心愈笃，故寸纸零墨，皆足宝贵，亦聊以志痛耳，固不计其传不传也。纵使之传，逝者已矣，又安用此哉。微疾初兴，勉志数语，镫畔展对，犹仿佛与潞雪樽酒论文时也。丙寅秋八月，建德周云跋。

古文习作二篇

论柴世宗高平之战

1928 年

柴世宗战于高平，于以见其志之大、虑之深而行之果也，是以得削平天下，为五代之英主。当是时太祖方崩，世宗以异姓承大统，众情疑沮，其势未附，而北汉、南唐二勍敌，方幸我之有隙，狡然思逞，是其时内外皆不能一日安，而世宗奋然不顾，排冯道、赵晁之谏，以为平天下必自此始，其志大矣。然以孤军当北汉、契丹之众，犹以卵投石耳，一战而败，不惟破军杀将而已，奸人得乘以起，国家且不保也。世宗之英明，岂有冒此大不韪，以战为一掷者哉，盖其讲之精矣。五代武人擅政，纷乱数十年，周太祖出，始以文德为治，安辑百姓，和缓民人，罢户部营田务，一岁增三百余户，民得为永业，始敢葺屋植木，获地利数倍，故百姓皆亲附周。而世宗又以信御群臣，各尽其能，恢洪大度，上下畏服，是故敢斥众议而必战者，知群臣百姓必不我负也。而群臣亦怀其恩，若张永德、宋太祖等，皆为之出死力以战也。不然，则世宗殆矣。既胜之后，即斩樊爱能等怠命者七十余人，追奔逐北，遂攻晋阳，欲一扫而下之，岂非虑深而行果哉。惜乎世宗早卒，未尽其志也。是故善为国者，必慎发其始，能使人震惊慑服，知不可欺，而后事则易为矣。晋文城濮之役，世宗高平之战，皆善用其术，以取威定霸者也。

【王批】劲气内潜，骎骎入古，未易才也，仍以多读多作以成作手。

《古今人表》书后

1929年

《汉书·古今人表》，博采六艺诸子之书，列九等之序，以次先民之可得闻者，名为“古今”而实无今人，以今人不可表，表古人所以为今人之鉴。予谓其穷搜博采，存古之功，诚深有裨于后之人矣，而其表之之法，则不足道。夫孔子之言，上智下愚，与夫别白中人以上以下者，皆概括论之，聊以见其大略云尔，非能一一施之也。使圣人日取《古今人表》而出之，以定其贤否优劣，则其人未必能尽，即尽亦未必皆当而无疑，而圣人之事无乃亵矣。观《论语》中论管仲者毁誉相半，则圣人之论人，决非如班氏之坚不可移，人于九等之一，即不容丝毫上下之也。以孔子之论管仲犹若此，而况孟坚欲论管仲以上之人乎？其不免于差缪违误者几希。且夫史者非惟所以表古，亦且用以治今，知今日制度文物之源来，然后有所改新渐近而益善美，后之人非尽以古为标准也。今观此表，上圣多在于皇古，世愈降而愚愈多，圣仁之人，则希寥不可得一二矣，岂其然乎。后世作史者，皆以马班为圭臬，至此表则无能继之者，盖知其难而不敢为与？抑识其非是而弃去之与？不可知矣。

【俞批】独具只眼，论古有识。

部分朋友祝寿信函（以写信日期为序）

（1）池田温（日本）①

拜悉元月十日贵函，先生受伤右腕，渐次回复，已能右手执笔，使人安慰。又今天赵和平先生承蒙带来先生八秩纪念论文集，先生特蒙挥毫献辞，敝生不胜感激。先生于正月十九日将迎高寿八十岁诞辰，庆贺之至也。一见这本外装高雅，内容充实，可谓先生的学德能成此精美论集。寄稿四十八位，包含海外美、日；论题范围之广泛，虽以史学为中心，然兼及文学、宗教，更并收敦煌学，日本，亚非，都为先生教学的成果，使人赞叹。敝生所习因为浅薄，所识有限，大部分论考可能不容易咀嚼吸收。只看各篇主题多彩，百花齐放，亦所论坚实，实事求是，是在二十世纪末变动时代，明示学术之正道，我们后生应当努力学习。近年纪念论集刊出多种，但是于预定日期公刊却不多，而本书完成于先生八十生日近前，是编纂诸公和出版社精励非常，颇值赏赞。拙作内容简陋，甚觉抱歉，但是幸得入献呈之列，颇为光荣。先生健胜尚如壮者，撰述日新。敬请留意五体，继续活动以诱导后进。以上草率致谢，

① 原信为中文。

敬祈研祺。（1993 年 1 月 17 日）

（2）杨生茂（南开大学历史系）

近接八十华诞纪念学术论文集，拍案称快，谨此致贺。

您深厚广博的学识和勤奋严谨的治学精神，早已人口皆碑。今得师生诸友为文纪念，实为及时之雨。

最令我动感情的，还是“毕竟是书生”一语。意思深长，也有苦涩之味。史学大家之本色跃然纸上，正显现淤泥之不能染也。（1993 年 3 月 17 日）

（3）洪廷彦（中国历史博物馆）

手教及赐寄纪念文集均收到，至为感谢！北大诸公编印此册，不但意在祝寿，实亦提倡笃实学风之盛举也。

祝总斌兄之文，紧密联系政治形势之发展，把握全局，剖析精细，将行台之设置变化说活了，极善。此文略及东汉侍御史领兵出征，为免枝蔓，故未多谈。回忆数十年前曾抄录范书有关记载若干条函询劳贞一先生：何以六百石小官当此重任？劳氏回信只云值得注意而未说明所以然。现在看来，亦当从东汉郡国武备废弛、兵力薄弱等方面去分析。言历代政区之置废并省，若置政治形势于不顾而只读地理志、疆域志，必将使活生生之历史现象完全僵化，而令人厌倦。田余庆兄论东三郡之重要性，亦犹祝兄之佳作，发人深思。去年连续看狄仁杰断案之电视剧，乐而忘倦。读田、祝之论文及先生之文集，获益匪浅，岂仅忘倦而已。公羊学于清代后期之政治，影响极大。论者往往只着眼于与变法之关系，而忽视汉族如何对待满族统治之重要问题，刘桂生君揭示公羊大义与当时政治之关系，颇具卓识。拓跋氏多少年得子之实例，李凭同志据外科学予以解释，颇有说服力；治史当注意自然科学知识，此又一例也。

苦于不懂日文，谷川、池田温所论，无法知其内容，实为憾事！

昨遇冯广裕同志，知此书订购者不多，能不为之兴叹也！早年在成都，蒙老《儒学五论》初出，与老师同坐茶馆，当面云："如此深奥之文字，不知有几人能读之终卷！"师答："此书固不求普及于众，其实只印几十本分赠友人与学生即可。"大凡有价值之著作，真感兴趣而又能读懂者从来即不多也，出版社何可过分计较此类书之盈亏。当年开明书店出版二十五史补编岂不赔本，无非以林语堂英语课本等畅销书谋求互济耳。然否？（1993 年 3 月 27 日）

（4）童云扬（武汉大学历史系）

从老家咸宁回来，收到黄惠贤同志转来先生所赐的生日纪念论文集。我未能为先生华诞出力却得到先生的厚爱，不禁惭感交集。集中的论文来不及一一细读，但有两段话完全代表了我的看法：一是说，"先生以渊博的学识，谨慎扎实的学风，诲人不倦的师德，平易近人的态度，赢得了海内外学者及门生弟子的爱戴和尊敬"；另一是说，"毕竟是书生"我喜欢遵照下面的这句题词。集子的后记中在讲编纂目的时说，"为有德者颂寿"。我想，惟其是"书生"，所以才"有德"。先生一生都是尊重良知的，都是只相信自己认为是真理的东西。这是我们应当向先生学习的。（1993 年 4 月 4 日）

（5）刘毓棠（台北文化大学）[①]

接到了你的八十寿辰论文集，极为喜悦。向你致以深深谢意，以及最热烈的祝贺。自青年时代始，你就一直出类拔萃，在学术研究上成绩

① 刘为哈佛 1941 年政治学博士，曾任清华大学教授。赴台湾后，任文化大学美国研究所所长，一度出使拉丁美洲。原信为英文，由阎步克同志翻译。

斐然。同样令人欣慰的，是闻知你在古稀之年依然安享健康。

你与我同年而生，不过你生日因在年初而先于我，所以你应该算是我的“兄长”。我多方得知，你在北京大学依然是勤奋耕耘、治学不辍。祈盼你拥有更多时光，以完成更多著述并享受丰富多彩的生活。

在于 1988 年退休之后，我虽在西雅图（那是我孩提时代成长的地方）度暑假与寒假，但每个春季和夏季都作为“顾问”返归中国文化大学。在退休之后，我开始在我们大学的幼儿园和其他地方开展儿童良知教育。在另一份邮件中，我向你寄去了我以此为题的小册子《儿童良知教育》。一位北京来客说此书也为大陆所需。我希望在不久就返回那里着手此事，并前往探望你。

近日我在写作回文诗。有人建议我将之谱成歌曲，所以我已致函许勇三，请他为之作曲。他是燕京校友，后来成了著名的音乐家和作曲家，现住天津。我校的出版社刚刚出版了他精彩的自传，不知你是否也认识他。在半个世纪之后再度与你这位老朋友取得联系，诚为快事，我衷心感谢这个天赐之喜。（1993 年 4 月 18 日）

朋友和儿女的怀念
——邓懿悼念信与追思会发言

（一）王岷源同志悼念信

余有幸与一良兄邓懿嫂相识已逾半世纪，深佩贤伉俪为人聪明正直，品学兼优。且伉俪情深，互爱互敬，老而弥笃。二千年二月懿嫂仙逝，一良兄罹鼓盆之痛，难以释怀。余不揣谫陋，草拟四言短章，一以寄哀思，一以表达对贤伉俪钦佩之忱。词句鄙俚，在所不计也。

忠实情侣，恩爱夫妻，神仙眷属，佳偶天成。

闺房之乐，相敬如宾，赌茶先后，强记博闻。

天生丽质，聪颖过人，书史博洽，皮簧亦精。

教学科研，储才育人，新秀叠出，桃李盈门。

新编教材，荣获奖评，中外选用，享誉士林。

耄耋偕老，侪辈羡钦，潘岳悼亡，庄生鼓盆。

修短有数，聚会天庭，长留半被，待君梦魂。

精灵不昧，夫人永生。

王岷源

2000 年 3 月

（二）关淑庄同志（丁声树夫人）悼念信

邓懿姐嫂周年祭

邓懿，分别一年了，时常思念！六十年相交，你像是我的姐姐，又像是我的嫂嫂。我对你这种独特的感情，在亲友中，还只有你一个人。

虽然我今年已八十一岁有余，但每想起你，就会觉得自己无形中变得小了。那是因为在我心中，无论是人品、才智，乃至仪容；无论是为师、为妻，还是为母，你都超人一等。这使我情不禁地总想跟在你的后面，作你的追随者，当你的小妹妹！

淑庄病中寄自美国剑桥

2001 年 2 月 23 日

（三）熊毅同志悼念信

悼念敬爱的导师邓懿先生

敬爱的邓先生，惊悉您 2 月 23 日突然仙逝而去。我万分悲痛。谁料想前年秋天，我在您家欢乐团聚之后分手，竟是和您的诀别。我遗憾因身在异乡未能在您病榻前尽弟子之心服侍您，更遗憾未能亲身参加到给您送行的行列。

您现在虽然与我已是仙人之隔，但您的音容笑貌和对我的深情厚谊将永远留在我的心中。

五十年前在我刚刚走出校门的时候，是您接纳我成为对外汉语教学师资队伍中的一员。之后直接在您的严格教导下工作，丰富了我的知识、锻炼了我的教学能力、坚定了我为祖国文化事业献身的信念。您作为事业上的引路人给您的学生留下了巨大的财富：

您学识渊博，因此新中国成立后首次招收外国留学生的工作就由您承担起来。您的一套教学理论和教学方法为以后的工作奠定了基础；

您教学经验丰富，培养了很多外国留学生具有高水平运用汉语的能力；

您工作认真负责、作风严谨、要求严格是人人公认的。因此工作成绩和留下的著作永远为人称道；

您做人真诚、坦率，敢于直言不讳，有着光明磊落的性格，这是多么难得！

50年来，您对我这个学生更是恩爱有加：

在我遭受厄运的时候，虽然您自己也在逆境之中，您却不顾个人得失，仍然关心我、支持我、帮助我，使一个生活在一片灰暗中的人，得到了人间的温暖；

在我身边阴霾散尽时，您为我庆幸，为我获得“天道公平”而高兴；

在我几次身在异乡时，从您的封封来信中看出您是多么想念我和关怀我。您的深深情意使我感动得流泪。这些信我都仔细保存着，将是您给我的珍贵遗产，永做纪念。

别了，敬爱的邓先生。您勤奋、辛劳、磊落的一生是光明的，您虽在仙境，但情意却留在了人间。您可以无憾无悔地永远安息吧！

您的学生

熊毅顿首

2000. 3. 1于美国Palo Alto

（四）陶洁同志悼念信

周先生：

谢谢您寄给我邓先生追思会的纪要。我很抱歉，我不知道有这个会，没能去参加会议，表示我对邓先生的悼念。

我跟邓先生合作两年，一起教第一届工农兵学员，我在这两年里跟邓先生合作得很愉快，她是一个十分坦率的人，有什么想法都当面说出来，绝不是人前一套，人后又一套的人。她的直率给她带来过麻烦，被学生贴过大字报。但这也使我对她更尊敬了。在那个时代里，敢讲真话的人实在不多，她的直言不讳就更加难能可贵了。邓先生不是英语专业出身，但她对工作的认真负责，完全胜任工作，而且教得很出色，使我一直不知道她是中文系出身的。我想，能够在两个系工作，在对外汉语教学中创立体系，而又在英语系胜任愉快的人恐怕并不多。回想起来，我更加佩服邓先生。

邓先生对我的工作一直很支持。我编过两本书，《英语学习指南》与《20 世纪英文观止》，邓先生都帮了很大的忙，尤其是她在《观止》中的那篇译文，受到编辑的称赞，认为译笔流畅，传神传情。

邓先生待人真诚，当年受过她教导的工农兵学员至今难忘。她们说当年年轻，觉得她太厉害，今天回想是她真心为我们好。最近李素素从美国回来，我告诉她邓先生去世了，她还感慨半天，回忆在邓先生班上上课的情况，还说在校三年，有两年是上邓先生的课，是邓先生教了她安身立命的本事。

我会珍惜您给我的纪要，也会永远怀念我跟邓先生的友谊。我将在15 日去美国探望女儿过暑假，希望您能多多保重。

敬祝

暑安

陶洁　上

7 月 12 日

（五）追思会发言摘要

2000 年 5 月 19 日召开了邓懿同志追思会。在此以前，杨玉秀、张维两同志已寄来唁信，表达了追思。周一良根据唁信原话连缀成文，写成《邓懿同志生平》，并蒙领导批准。追思会上，郭振华主任、李晓琪副主任和王还、杜荣、傅维慈、赵燕皎等同志的发言精神和内容与杨、张二同志唁信一致。兹为节省篇幅，仅摘录生平部分，附带子女二人发言，借以想见邓懿同志在家庭中的表现。

新中国成立后，东欧五国（波兰、捷克、匈牙利、罗马尼亚、保加利亚）要求派学生来华学习汉语，教育部委托清华大学创设东欧学生汉语专修班，由吕叔湘先生负责领导，具体工作由邓懿同志负责。当时新中国的汉语教学工作刚刚起步，一切工作处于草创时期，邓懿同志作为教学的负责人，除了考虑课程设置，编写教材，还要训练新教员，工作繁忙，头绪很多，但工作有条不紊地进行，教师队伍不断扩大。她以身作则，严于律己，对其他教师也严格要求，要求教师认真备课，互相听课，定期评比教案。她首先举行公开课，让大家提出意见，对于如何批改作业等，都制定了一套完整的办法。这些对于当时没有教学经验的年轻教师来说，都感到受益匪浅。

1952 年院系调整，清华的东欧学生汉语专修班并入北京大学的外国留学生中国语文专修班，邓懿同志任教研室副主任。这时，最早来华的东欧学生已陆续结业，转入各系学习专业，他们正确的发音，熟练的汉语，在各系都受到好评。这批学生回国后，多数都担任了外交官、教授和研究人员。1958 年在总结数年来教学经验的基础上，邓懿同志又主持编写了《汉语教科书》，这是我国第一部将语法成体系地运用于听说读写综合教学的对外汉语教材，邓懿同志亲自执笔，反复修改，为之倾注了大量心血。这部教材的公开出版在当时影响很大，一直使用了十多年。作为新中国第一部公开出版的供外国人使用的汉语教材，它对以后的对外汉语教材有着重要的影响，尤其是汉语语法部分的内容，为对外汉语教学的语法体系奠定了基础。以后这部书被翻译成十多种语言，由商务印书馆出版。

1960 年，邓懿同志被调到西语系的公共英语教研室。她虽然被迫离开了汉语教学，但是没有任何抱怨，依然全心全意地参加了英语教学。她既要同时教三个理科班，又要自己编选教材，非常忙碌，但对学生热情帮助，严格要求，不断与学生所属的各系进行联系，受到学生的爱戴。以后下放在江西鲤鱼洲，负责教陆军快班英语，仍然是严格要求。当时的陆军学生抱着“上、管、改”的思想来到大学，对于这种严格要求很不耐烦，有的学生给老师提意见，但是邓懿同志对学生一方面严格要求，一方面热情帮助，耐心地讲解、说服，同学们终于放弃了原来的看法。师生关系异常融洽，有不少同学后来和她结为很好的朋友。由鲤鱼洲返回本校后，邓懿同志又教过朝鲜和越南留学生的英文，都受到他们的欢迎。尤其是越南同学返国时，洒泪而别，泣不成声，令人感动。她在公共英语教研室工作期间，还和其他教师一起参加了校外的学术活动，例如，在商务印书馆出版的《英美古典文学注释丛书》中，她承担了托马斯·哈代（Thomas Hardy）著《苔丝姑娘》（*Tess of D'ubervilles*）一书的译注。在教学之余她还翻译了美国著名历史学家霍尔（J. W. Hall）的《日本史》一书。有的同志到今天才知道她在大学所学的是中文专业，而非英语专业。邓懿同志虽然从事英语教学二十多年，但她一心想念的还是她所热爱的对外汉语教学工作。1984年，经过北大副校长朱德熙同志的推荐，她又调回对外汉语中心，并升为教授，这时她已年逾七旬，但仍然意气风发积极工作。她和密切共事五十年的熊毅同志及其他同志一起，开始编写《汉语初级教程》。这部教材以50年代的汉语教科书为基础，重新修改，对于单词的选择和语法的出现次序都做了细致的编排，使之更加科学，更便于使用。四位同志争分夺秒地积极工作，在两年内完成了这部书，并荣获了1994年国家对外汉语教材一等奖。这部教材以英语解释，东西方各国都可以使用。日本、韩国相继购买了版权，至今国外很多国家还在使用。她还曾想编出一套包括音像、录像、图文资料在内的系统教材与教师手册，但终因年高体弱且已退休，而未能实现。

邓懿同志热爱祖国，热爱社会主义，热爱教育事业，为祖国的振兴和中外文化交流贡献了毕生的精力。邓懿同志作风正派，率直坦白，敢于坚持真理，为年轻同志树立了学习的榜样。她主持编写的两部教材《汉语教科书》和《汉语初级教材》为对外汉语教学工作做出了很大贡献。今天，对外汉语教学已经有了极大的发展，对外汉语已经成为一个专门的学科，邓懿同志作为这门学科的奠基人之一，做出了突出的贡献。邓懿同志的家属在她的墓前刻了一副对联，其中说，“对外汉语虽非显学，教师教生教书教人，鞠躬尽瘁，多少国桃李芬芳”。

（六）周启锐追思会发言

——认认真真教书　清清白白做人（摘要）

家母去美国和回国后都从事教洋人汉语和教华人英语的工作。她在世时我曾不止一次地跟她讲，她这辈子就是“认认真真教书，清清白白做人”。

同很多老知识分子一样，爱国是她的基本素质，家母在50年代曾响应党的号召，动员我在美国的叔叔回国效力。叔叔是40年代我父母在美国时把他弄去留学的，后成为高级神经医学专家，国内很需要这样的人才。她在信中引用中国老话“金窝银窝不如自己的狗窝”，并如实向组织汇报了信的内容。结果叔叔未归，并于1963年加入了美国籍，因为美国定出条例，外籍科学家不入籍，就得不到科研经费，于是一大批中国科学家纷纷被迫入籍，而家母自认为积极劝导的“金窝银窝不如自己的狗窝”的中国老话却被作为反社会主义新中国的言论而受到批判。时隔二十年后，台湾歌手张明敏一曲《中国心》，家母听得要落眼泪。还就爱听这《中国心》，每听必眼泪汪汪。实际上家母也完全可以不回国，可她抗战一胜利就一心要回来。改革开放以后，她可以去投奔子女，安度晚年，但她不愿寄人篱下，因为她的喜怒哀乐都在这里。即使四十多年住在阴山背后的燕东园不见阳光，五次骨折；即使因海外关系复杂，思想“右倾”等被定为不宜接触洋人；即使“文革”中被强加三顶帽子，关进劳改大院，从精神到肉体都遭受极大折磨，大中午被逼站在院子里看太阳……但她还是执著地揣着一颗中国心，即使别人说她一切都是中国心闹的，她也毫不后悔地回答：“我就是中国心！”

就是这颗中国心，一切都从小事做起。凡是要别人做到的，她都自己先做到。从不浪费一滴水，十分重视水的重复利用。节约用电，人走关灯。时间抓得很紧，不浪费一分钟。乃至节约自身能量，在家从这屋走到那屋都不空手出入，总是教我们顺手把该带的东西带走。待着时顺手把该干的事干了。她生活俭朴，我们从小就穿带补丁的衣裤。并总告诫我们“一针不补十针难缝”，任何事都要防患于未然。从小家母就带着我吃鱼头、鸡头、鸡爪，后来到她老了以后，我特意常买酱鸡爪，我也很爱吃。有一次我看她吃得不怎么上劲，就问她，“你不是爱吃鸡爪吗？”她才照实说来，“原本我不爱吃这些，只是没人吃我才吃”。我这才恍然大悟。她没有点滴浪费，母亲是很节俭的，那时我家吃饭都讲究盘光碗净，剩一口饭都要吃净不扔。到三年困难时期每顿饭所有盘碗都舔干净，在家族已传为佳话。以至于1964年、1965年经济好转后，天津的叔叔特意让人带话来说，吃饭后孩子们该可以不舔碗了。市场经济时期以来，老知识分子与一些先富起来的人相比，生活水平相对较低，她安于清贫，有时家人买点好吃的东西，其实是她昔日常吃之物，如大虾之类，她嫌贵，说“太奢侈了”“罢吃”。

家母和家父两人对坐，两面各有大小抽屉九个的大书桌，还是结婚时陪嫁而来，桌上漆皮已经剥落多处，家母始终不肯换。还有木板铁架子双人床和大衣柜等等，都是六十年前的旧东西，一直用到庆祝钻石婚的今天。

家母自己这样节俭而对自己的弟妹却是关怀备至。大舅舅新中国成立前人国民党四川军校，1949年在长江口三进三出随军去了台湾。忠诚老实运动中，小舅舅交代自己隐约记得十四五岁时随大舅舅去过一个地方填过一张表，此后大舅舅南下，也没人来找小舅舅。很快就解放了。这些说不清的事完全可以不交代，但小舅舅自己要“忠诚老实”，结果被定为“历史反革命”，50年代发到黑龙江853农场几十年。直到80年代才甄别平反。这些年来，每逢年节，家母都寄钱资助他。小舅舅长子自幼有病，寄养姥姥家长大，治病、结婚，家母也予资助。对她妹妹也是这样。

中美建交以后，她在美国，由于一个偶然的机会，经台湾在美的朋友一个电话就找到了多年失散的弟弟。大舅舅欣喜若狂，不久就回大陆探亲，并论“罪”行赏。行前预先征求大陆家人意见，购买大件电器馈赠，凡因其株连在大陆苦难多多者加重赠予。家母什么也不要，连电饭煲都转送了他人。而胞弟回来住在我们家，她却处处关心，热心款待。到年迈多病时，还每日不停笔耕，给弟妹儿女写信，直到卧床时，还喃喃自语要起来写信。

在做人上，她更是“认认真真教书，清清白白做人”，一丝不苟。50—60年代，她教课还要编教材，夜以继日地忙，很少管我们。下课回来经常坐下一句话也不愿说，叫把窗户打开，憋得慌，喘不上气。先一直以为是胃病，很久后才查出是冠心病。“文革”时我们全家六口人六个地方，我手懒信写得很少，而她总是及时回信，我的每个错别字都被纠正了。她干什么事都是眼里不揉沙子，任何事都要小葱拌豆腐一清二白。她一生不说假话，不取悦于人，也不随波逐流。多年的政治运动使人不敢说话，几次反右兴左，把虔诚者改造得洗心革面、俯首帖耳，把狡猾者搞得阳奉阴违、形左实右。而家母还是她，想不通的还是想不通，不理解的依旧不理解，不赞成的就是不赞成。不论是自己的问题还是“小将”找她外调别人的问题，即使是拳打脚踢地逼供信，她也从没有胡说八道。而市场开放以后，有时不说假话连一点小事也办不成，人们的思想多元化了，为牟利益可不择手段了，一些当年左得可爱的人变得右得出奇了，而她还是她，别人左时她不左，别人右时她不右。1985年她重回对外汉语教学队伍后，还是那样兢兢业业，一丝不苟地编教材，始终保持着一种“平常心”。退休后她翻译书，从不闲着，一直到晚年，85岁后常住院，回家一天吃十几种药还要干事。老年科丛玉芳主任都劝她别干事了，她不听，最后住院还要教护工英语。病危前，在病房我说她“认认真真教书，清清白白做人”，我给你加一个横批“没用”，“白搭”，或者“不落好”。她不说话，可是眼神在说：这有什么不好！她一切都承受了，无怨无悔。住进单间神志已经不太清楚时还说要讲课。

她病危时，我陪家父几次去探望。父亲问她还有什么要说的，她一言不发，很坦然，没有什么不放心的，安然离去。

母亲是平凡的，又是伟大的。愿母亲的在天之灵安息吧，母亲的精神永存！

于2000年4月清明节后

（七）周启盈追思会发言——最后一份作业

小时候，和我一起玩的小伙伴都知道每天晚上我得做完英文作业才能和他们玩儿。妈是从我小学三四年级开始在家教我英文的。她白天备课上课，晚上还要去系里开会，但总是忘不了给我留作业。所以小伙伴晚饭后来找，常常是先在另一个屋里七嘴八舌地玩起来，我独自一人在这边做完作业才能参加。那是60年代的事，“文革”开始后，一切都变了……

70年代，我从黑龙江回到北京做工农兵学员。妈又对我说：“学会一门外国语，就像打开一扇窗户……”从那儿起，我又拾起了英文，每